Simone et ses sœurs

Simone Veil
Denise Vernay
Madeleine Jampolsky

Simone et ses sœurs

Correspondances, journaux, textes inédits et entretiens édités par David Teboul

les arènes

À Jean, qui n'est pas revenu,
à Madeleine, dite Milou, partie trop tôt.

Le secret de Simone Veil

La première fois que j'ai rencontré Simone Veil, c'était pour réaliser un film avec elle sur son enfance et sa déportation, pour l'interroger sur sa vie après le camp. J'ai su très vite que, si je voulais mieux comprendre qui elle était, il me fallait aussi interroger deux autres femmes : sa sœur, Denise Vernay, et son amie, Marceline Loridan-Ivens.

Denise Vernay, déportée en tant que résistante, était une femme élancée, belle et discrète. Elle m'a ouvert la porte de son appartement de l'avenue de l'Observatoire sans réserve et avec générosité, à la surprise de Simone. Simone a été troublée que sa sœur accepte d'être filmée et interrogée sur leur famille. Courtoise et directe, Denise m'a parlé de leur enfance à toutes les trois, elle, Simone, et Madeleine, dite Milou. Milou, c'était leur aînée trop tôt disparue, dans un accident de voiture en 1952, après avoir survécu à l'enfer d'Auschwitz. La vie de Denise ressemblait à un roman dont, par modestie, elle gommait les chapitres les plus spectaculaires.

Marceline Loridan-Ivens, c'était l'amie de Birkenau, cinéaste et actrice interprétant son propre rôle en 1961 dans le film de Jean Rouch et Edgar Morin, *Chronique d'un été*. Elle a été porteuse de valises pendant la guerre d'Algérie et plus tard, pendant un court moment, maoïste.

J'ai filmé Simone avec chacune d'elles. Les filmer ensemble, puis séparément, m'a paru comme une urgence pour plus tard. C'était il y a plus de vingt ans. Avec ces deux femmes, Simone Veil abandonnait son tailleur officiel.

Avec Denise, « la grande Simone », comme l'appelait son aînée avec une pointe d'ironie et de tendresse, redevenait « la petite dernière », celle qui se collait aux jupes de sa mère sur presque toutes les photos avant la déportation.

Avec Marceline, Simone était « la fille de Birkenau », celle qui avait vu ce que les hommes sont capables d'infliger à d'autres hommes, celle qu'aucune autorité jamais ne pourrait impressionner.

Dans son film *Citizen Kane*, Orson Welles retrace la vie d'un magnat de la presse qui, sur son lit de mort, prononce un seul mot, énigmatique : « *rosebud* ». On découvrira qu'il nommait ainsi sa luge d'enfant. Le *rosebud*, le secret, de Simone Veil est le trio – ou plutôt « le double duo », comme l'écrit Denise Vernay – qui liait Milou et Denise et Milou et Simone. Milou avait été déportée à Auschwitz avec Simone et leur mère, Yvonne.

Une cassette amateur que l'un des enfants de Denise m'a confiée est un des points de départ de ce livre. Elle a été enregistrée le 21 février 1988.

Ce jour-là, Denise Vernay avait réuni ses enfants, leurs conjoints, ses petits-enfants, neveux et nièces et, pour reprendre sa formule, « ceux que l'on appelait autrefois les pièces rapportées ». Elle a plus de soixante-dix ans, elle fume encore beaucoup, elle est chaleureuse, mince, belle et drôle aussi :

« Je suis un peu émue et en même temps contente. Il y a quelques mois Simone m'a dit : "Mais au fond qu'est-ce que tu as fait dans la Résistance ? Je ne sais même pas ce que tu as fait dans la Résistance." À l'époque j'étais une toute jeune fille, j'allais avoir vingt ans. Simone était la petite sœur, maintenant elle est devenue "la grande Simone". »

Pendant une heure et demie, Denise a raconté ce qu'elle n'avait jamais dit à ses proches, ses souvenirs d'enfance et son engagement dans la Résistance. Et puis plus rien... Au moment où le convoi partait à Ravensbrück, elle déclara : « Il est temps de passer au goûter. Je n'ai pas envie de vous parler de la suite aujourd'hui... ce sera une prochaine fois. »

Ce jour-là, Simone Veil est arrivée en retard, à cause d'une rage de dents. Peut-être aussi parce que ce passé était trop douloureux à entendre.

Denise Vernay avait rassemblé les archives de la famille Jacob dans un ouvrage destiné à ses proches, avec l'aide d'Antoine de Meaux et de son épouse, Lorraine. Puis, des années plus tard, elle constitua un recueil de ses poèmes, de ses textes écrits pendant la guerre, à Ravensbrück et à Mauthausen, et des articles parus à partir de 1946 dans la presse issue de la Résistance.

On y découvre une jeune femme qui passe du scoutisme à la clandestinité, vit seule à Lyon en multipliant les rendez-vous d'agent de liaison, son arrestation, la torture à la prison Montluc, le camp de concentration de Ravensbrück, puis son transfert à Mauthausen.

Ce récit m'est apparu comme l'autre voix des sœurs Jacob, le deuxième fil rouge, en contrepoint de mes entretiens avec Simone Veil. Simone m'avait raconté l'autre déportation, celle des Juifs, Auschwitz, survivre aux chambres à gaz et apprendre à vivre et aimer après les camps.

Il me restait à retrouver la troisième voix du trio : celle de Milou, partie si tôt, en 1952. Milou l'intellectuelle, la force morale, l'idéaliste, celle dont Denise redoutait le jugement et qui était pour Simone une seconde mère. Cette voix, je l'ai découverte, intacte, dans les lettres à ses sœurs, dans son journal, avant et après la déportation.

Quand je demandais à Simone de me raconter leur vie à toutes les trois à Birkenau, elle me disait que Milou, au retour de déportation, avait écrit ce qu'elle-même n'était plus capable de me dire. Elle m'avait promis de me donner à lire les récits de Milou, et puis la maladie l'a emportée.

Milou a écrit trois textes très vite après son retour de déportation. Le premier relate le transport de Drancy à Auschwitz,

la sélection et l'arrivée au camp en avril 1944. Le deuxième les derniers jours à Bergen-Belsen, en février 1945, peu de temps avant la libération du camp par les Anglais.
Le troisième raconte sans filtre la mort de leur mère, Yvonne, malade du typhus, épuisée, quelques jours avant la libération de Bergen-Belsen.

On comprend l'empreinte laissée par Milou sur Denise et Simone.

J'ai composé un film, puis ce livre, avec ces trois voix, leurs mots, leurs lettres, leurs souvenirs. Les trois sœurs Jacob se sont aimées, elles se sont toujours confiées l'une à l'autre, elles n'ont jamais rompu leur lien, aussi différentes soient-elles.

Elles puisaient cette confiance à une source commune, l'amour de leur mère Yvonne, dont la droiture et le rayonnement ont impressionné jusqu'à Auschwitz. Simone Veil, déjà âgée, la nommait encore « Môman », avec l'intonation d'une petite fille qui appelle sa mère la nuit.

Il y a un absent dans ces pages, le seul fils Jacob, Jean, assassiné en 1944 par les nazis, avec son père. Je lui dédie ce livre dont j'ai voulu qu'il se termine par quelques-unes de ses photos de neige immaculée, lui qui voulait être photographe de cinéma.

David Teboul

Simone

Mes deux sœurs et moi formions un trio parfaitement soudé. Milou, Denise et moi sommes nées dans un intervalle de quatre ans. Nous étions très complices et partagions tout, nos fous rires, nos secrets, parfois nos vêtements. Notre vie de famille était peut-être plus heureuse que d'autres. Maman était rayonnante. J'étais toujours collée à elle, comme souvent les derniers-nés.
Je l'aurais voulue toute à moi. Nous vivions à Nice, avec sa lumière, son indolence, les bains de mer l'été et les odeurs de mimosa. Nice a pour moi le parfum perdu de l'enfance. Repenser à notre insouciance d'alors, à ce bonheur pur, est d'autant plus douloureux que la suite a été tragique.

Denise

Comment restituer nos longues causeries avec Maman le soir dans notre chambre ?

Une chambre partagée à nous trois : deux de nous en tête-à-tête, Milou et moi ; un lit isolé, Simone ; nous travaillions chacune sur notre lit. Milou lisait beaucoup, tout le temps des vacances, nous semblait-il. Elle a toujours eu les cheveux longs jusqu'au camp, des anglaises superbes, puis comme Simone et moi, des nattes.

Pour Papa, Milou était l'aînée, la responsable, il faisait souvent appel à ses qualités d'aînée. Il est vrai qu'elle était la plus raisonnable, elle intervenait dans nos vraies batailles, toujours en faveur du plus faible car nous nous battions vraiment, à coups de pied, de tirage de cheveux, coups de griffes, la plus petite commençait avec Jean. Je soutenais Jean, et Milou Simone. Pour quoi ? Des futilités probablement. Maman disait en vain : « Arrêtez, vous me rendez malade. » De ces empoignades, je ne sais plus rien mais je pense qu'elles furent très nombreuses, auxquelles succédaient, après, de très nombreux moments de calme et de bonheur.

Toutes les trois, nous étions proches de notre mère. Mon frère aussi. Maman était très belle. Je ne trouve pas que Simone lui ressemblait. Tout le monde disait que je ressemblais à Maman.

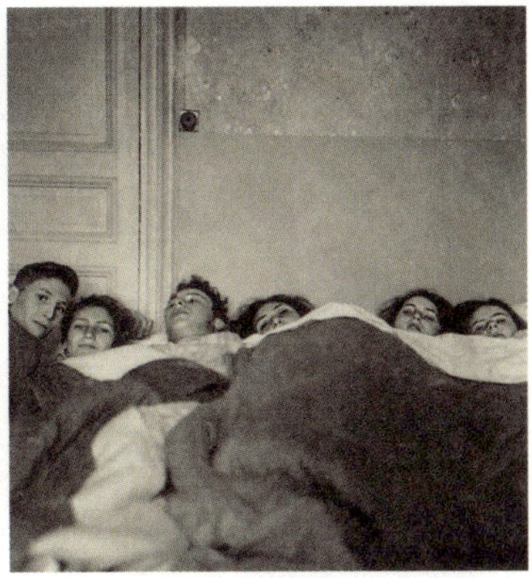

Lettre de Denise à Alice Steinmetz, sa grand-mère maternelle, 16 mai 1934
Elle a 10 ans.

Ma mémé chérie, Je te demande pardon pour commencer pour t'avoir pas écrit plus tôt, puis pour ne pas t'avoir répondu avant, je suis presque sûre que tu me pardonneras. Maman est très bien arrivée, et elle est venue nous chercher au lycée. Je ne l'ai pas tout de suite reconnue tant elle avait bonne mine. Son béret blanc que Tante Suzanne lui a donné lui va très bien. Je te remercie beaucoup de tes deux gentilles cartes que j'ai reçues presque en même temps et j'ai été très contente. Je te remercie aussi d'avoir rendu Maman beaucoup moins fatiguée qu'en partant. Les nougats étaient très bons et l'on en a aussi mangé beaucoup. J'ai reçu Maman avec une immense joie. Je pense beaucoup à toi, ma chère mémé, et je me disais que c'était mal de ne pas t'écrire. Je te demande de ne plus m'écrire jusqu'aux vacances parce que je ne pourrai pas te répondre, je suis trop paresseuse pour ça. Je ne sais pas si Maman t'a dit que Simone jouait à la kermesse, c'est dommage que tu ne sois pas là pour l'admirer. Simone chante «Les petits nains de la montagne». Simone est le chouchou d'Arthur et nous en sommes jalouses, ce qui est très mal. S'il fait beau à la Pentecôte, on ira à La Ciotat avec les Archier, les Lippmann. J'ai déjà pris des bains de mer qui étaient très bons. Je t'envoie toute ma tendresse et mes baisers.

Denise

Lettre de Milou, 16 mai 1934

Elle a 11 ans.

Mémé chérie, Pour la Pentecôte nous allons aller à La Ciotat. Les Lippmann et les Archier y viendront aussi. C'est sûr, nous allons bien nous amuser et nous nous baignerons. Dimanche dernier, nous sommes allés nous baigner à Juan-les-Pins. À la prochaine lettre que je t'écrirai, je te raconterai la kermesse du lycée qui aura lieu le 4 juin, Simone y chante et joue «Les petits nains de la montagne», et une autre classe joue «La ronde du jupon». J'ai reçu tes deux cartes dont je te remercie beaucoup. Je t'embrasse des millions des milliards et des billions de fois.

Ton Poui Poua. Milou

Lettre de Simone, 29 mai 1938

Elle a 11 ans.

Chère Mémé, Enfin je réponds à ta lettre. Il fait très beau ici depuis quelques jours seulement, s'il n'a pas plu beaucoup cet hiver, on s'est rattrapé maintenant. Aujourd'hui je suis fille unique car Jean est aux louveteaux, tandis que Milou et Denise sont aux éclaireuses. Cette année je pense avoir deux prix plus le prix de tableau d'honneur et peut-être le prix d'accessit.

Il est venu déjeuner un architecte qui est très rigolo. Comme il va y avoir le congrès des architectes, alors Papa l'a invité. Voici le menu : pour commencer de la pissaladiera, puis des tomates à la provençale, puis du bifteck et des petites pommes de terre nouvelles achetées toutes épluchées, puis du camembert, et des fraises et de la crème fouettée.

Je t'embrasse toi aussi bien fort ma mémé chérie.

Ta Simone qui t'aime.

Denise

J'étais le deuxième enfant dans la famille. J'avais besoin d'autre chose que de ce rôle de deuxième. Je suis entrée chez les éclaireuses, j'ai été suivie par Simone et par Milou, ma sœur aînée. C'est notre frère qui avait commencé le scoutisme. Nous trouvions qu'il vivait dans un milieu trop féminin, entre ses trois sœurs et sa mère. Chez les scouts, les jeunes filles venaient de tous les milieux. Dans notre groupe, il y avait des protestantes, des israélites, des «neutres». Nous, les filles Jacob, nous étions «neutres». Cela ne nous a pas empêchées de faire notre «promesse» scoute avec le plus grand sérieux.

Adolescente, j'ai fait quelques efforts pour m'intéresser au judaïsme. Je me disais qu'il fallait quand même que je sache un peu mieux ce que signifiait le fait d'être juive, surtout à une époque où les antisémites se déchaînaient. J'ai donc participé à quelques réunions des éclaireurs israélites. J'étais complètement athée. Je n'en suis pas sortie très convaincue.

Du point de vue des dangers qui pesaient sur les Juifs, nous n'imaginions pas ce qui allait se passer. Munich a été le premier

choc. L'été 1939 fut pour nous un été d'attente. On ne savait pas s'il y aurait la guerre. On a passé l'été dans la maison de la sœur de Maman, La Neuville, avec nos cousins.

Nous sommes revenus à Nice avant la déclaration de guerre et l'effondrement de 1940. Le premier déshonneur de Vichy, ce fut de livrer les réfugiés politiques. Puis on a livré les Juifs étrangers. Nous avons tous ressenti cela comme quelque chose de rédhibitoire.

À l'époque, tout le monde n'avait pas la radio à la maison. C'était notre cas – Papa trouvait qu'écouter la radio, c'était du temps perdu. Les informations étaient censurées ou truquées par les Allemands. Pour pouvoir écouter les nouvelles de Londres, nous en avons acheté une.

La BBC disait: «Faites des tracts, recopiez des tracts.» J'étais une jeune fille de dix-sept ans, en terminale – on disait «math élem» –, j'écrivais des tracts et je les distribuais au lycée. C'étaient mes premiers actes de résistance. Quand on avait entendu de bonnes nouvelles à la radio anglaise, on les recopiait aussi au tableau noir avant que les élèves n'arrivent en classe. Les informations non censurées circulaient comme cela.

Les Allemands réquisitionnaient toute la nourriture, le blé, le beurre, les pommes de terre, les poireaux – ils laissaient le vert –, les radis – ils laissaient les feuilles. Il fallait se débrouiller pour

trouver de quoi nous nourrir. Nous étions quatre adolescents et nous avions très faim. Milou et moi avons reçu en 1941, d'une tante de nos cousins venue de Suisse, une bicyclette, objet précieux, une merveille, et nous pédalions souvent ensemble sur les hauteurs près de Nice en quête de fruits et de légumes, parfois un lapin ou un poulet, rarissime sur les marchés niçois.

Des Juifs polonais ou allemands s'étaient réfugiés en France et arrivaient à Nice. Ils n'avaient pas de papiers, n'avaient pas accès aux cartes de rationnement et ne pouvaient pas se nourrir. Je me suis alors engagée dans une association qui se chargeait de cacher les gens qui n'avaient pas de carte d'identité, pas de carte d'alimentation. J'étais affectée au service social qui s'occupait des enfants, qui les cachait si leurs parents avaient été arrêtés. Je les emmenais à la campagne près de Nice, chez des gens dont on nous avait donné l'adresse dans des villages, qui acceptaient de les cacher : des curés ou des boulangers, des épiciers ou des paysans.

Les Juifs étrangers qui se réfugiaient chez nous étaient persécutés, arrêtés, mais nous n'imaginions pas ce qui se passait dans les camps. Nous n'imaginions pas Auschwitz. Nous nous disions : « Pourvu que nous restions ensemble, le reste n'a pas d'importance », ce qui était particulièrement sot et innocent. Sur le moment, on n'est pas toujours conscients.

Simone

Je voyais mon père très inquiet, désespéré de la situation de la France. Pour lui, cette défaite était un déshonneur, quelque chose de terrible et de particulièrement dramatique.

Il gardait encore l'image d'une répartition des rôles entre Pétain et de Gaulle, l'un qui combattait à l'extérieur, tandis que l'autre, à l'intérieur, essayait de protéger la France. Cela n'a pas duré très longtemps. Le statut des Juifs est tombé très vite. Cela a été pour lui, je ne dirais pas humiliant, ce n'est pas le mot juste, mais plutôt une grande tristesse. La tristesse de se sentir exclu de la nation et de son travail, si important pour lui, avec les problèmes matériels que cela posait. C'était une souffrance

insupportable, mais il a mis très longtemps à imaginer que les choses puissent aller de mal en pis. Quand on en parlait, il essayait de nous rassurer. Cependant nos parents n'avaient plus du tout d'argent et il était difficile d'échapper à cette nasse qui se refermait.

On avait fait enregistrer nos cartes d'identité, on avait accepté le tampon «Juif» parce que nous étions piégés. Nous nous disions : il faut être en règle, sinon cela sera un prétexte pour nous arrêter. Les autorités françaises et les autorités allemandes jouaient de cette ambiguïté. On a cédé à la pression en acceptant une situation dont on ne pouvait plus sortir.

Journal de Milou, 13 mars 1943

Vingt ans aujourd'hui, c'est terrible ! Je n'ai rien fait encore qui justifie ma venue dans ce monde. Je n'ai rien fait encore ! Voilà que bientôt je serai vieille, je ne chercherai plus même, et je ne connais presque rien, et je n'ai rien fait. C'est terrible. Et quel temps perdu !

Denise

Nous savions ce qui se passait en Allemagne, mais sans le visualiser, ni véritablement le comprendre. Simone l'a peut-être davantage pressenti que le reste de la famille. Parce que quand on a dû faire tamponner « Juif » sur nos cartes d'identité, Simone était tout à fait opposée à ce qu'on aille au commissariat de police. Mais, finalement, on l'a fait.

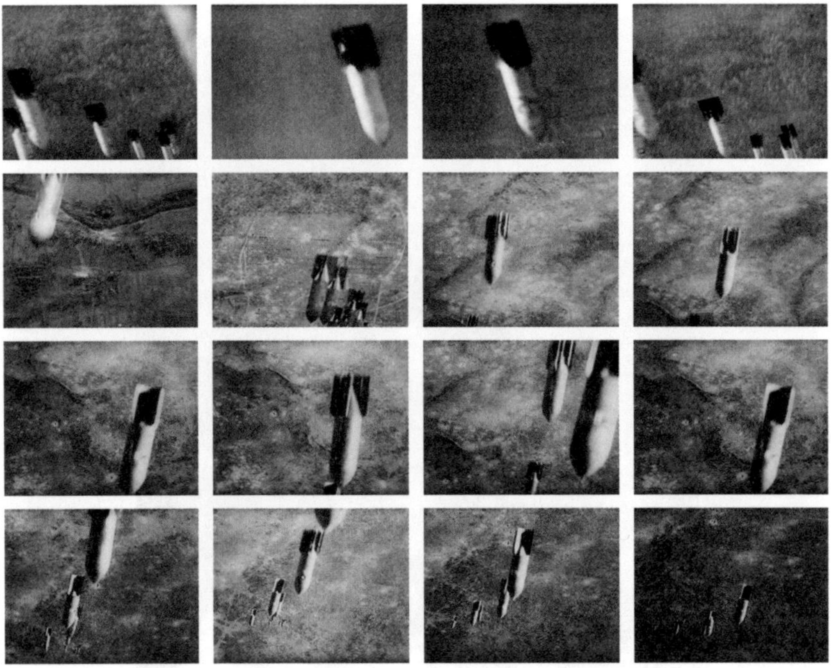

Journal de Milou, 19 avril 1943

Aux heures du matin, j'ai écrit, sur le balcon, sur la petite chaise de Simone ; les oiseaux gazouillaient, le soleil n'était pas levé, la rue sentait les roses. Journée à Mougins avec Maman. Timidité à me rendre malade, jardin merveilleux. Toutes sortes de roses. Joie actuelle des bourgeons.

Journal de Milou, 18 mai 1943

Gros bombardements des Anglais sur l'Allemagne : ils détruisent trois énormes barrages, des vagues déferlent sur la Ruhr, deux villes sont submergées ! Dire qu'il est nécessaire de souhaiter de pareils cataclysmes ! Les hommes sont fous ! On est en train de construire des forteresses volantes, pouvant transporter dix tonnes de bombes ! Quels monstres de l'apocalypse !

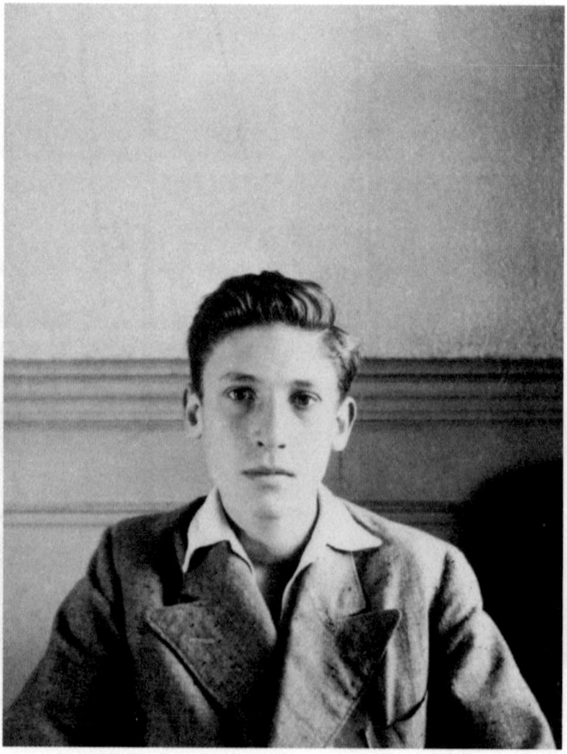

Simone

La première arrestation que j'ai apprise était celle des propriétaires d'une grande pharmacie, juste en face du lycée. Ma sœur Denise et moi, nous étions très amies avec deux de leurs filles. L'une d'entre elles a été arrêtée avec ses parents au moment où les Italiens ont quitté Nice, dès septembre 1943. À ce moment-là, mon frère a essayé de gagner les montagnes proches de Nice,

dans l'arrière-pays. Il est parti à pied jusqu'aux Courmettes, une zone boisée et montagneuse qui servait de campement à notre troupe d'éclaireuses. Il y a été très mal accueilli et a senti qu'il ne serait pas en sécurité. Alors il est rentré à Nice. Après un camp scout, Denise a décidé d'entrer dans la Résistance avec des camarades qui étaient à Lyon.

Denise

Je suis partie de Nice avant les grandes rafles. Elles ont commencé alors que ma sœur aînée et moi étions cheftaines dans un camp d'éclaireuses dans les Alpes-de-Haute-Provence, durant l'été 1943. Papa nous a écrit: «On commence à arrêter ici, tu risques de l'être si tu rentres. Essaie de trouver un endroit où te cacher, de trouver du travail.» Ma sœur Milou a décidé de revenir à Nice car son travail aidait la famille à vivre. On m'a proposé d'être surveillante dans un couvent qui cachait des Juifs, mais je voulais rejoindre un réseau de la Résistance. J'avais une amie cheftaine, dont le fiancé était dans la Résistance à Lyon. Je l'ai rencontré chez elle, dans l'Isère, où elle était institutrice. Comme il avait une grande confiance en elle et qu'elle répondait de moi, il m'a dit: «On a besoin d'un agent de liaison pour notre réseau, Franc-Tireur. Venez à Lyon, tel jour, place des Jacobins. Là on se retrouvera et je vous dirai ce qu'il faut faire.» Je suis allée au rendez-vous et il m'a présenté un homme qu'on appelait Doudou. Nous avions

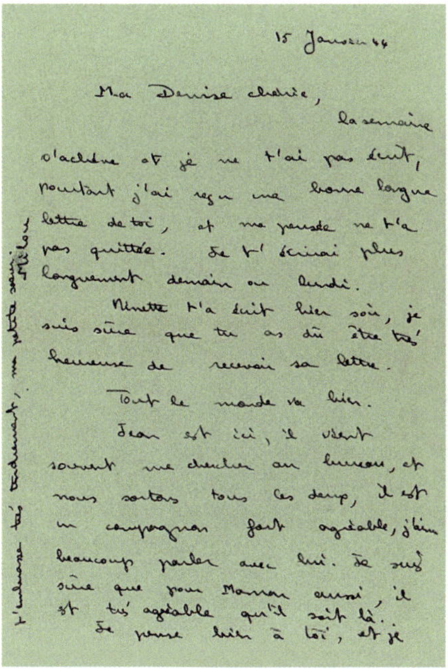

15 Janvier 44

Ma Denise chérie,

la semaine s'achève et je ne t'ai pas écrit, pourtant j'ai reçu une bonne longue lettre de toi, et ma pensée ne t'a pas quittée. Je t'écrirai plus longuement demain ou lundi.

Ninette t'a écrit hier soir, je suis sûre que tu as dû être très heureuse de recevoir sa lettre.

Tout le monde va bien.

Jean est ici, il vient souvent me chercher au bureau, et nous sortons tous les deux, il est un compagnon fort agréable, j'aime beaucoup parler avec lui. Je suis sûre que pour Maman aussi, il est très agréable qu'il soit là.

Je pense bien à toi, et je

t'embrasse très tendrement, ma petite sœur. Milou

Mademoiselle Denise Jacquier
23 rue Claudius Penet
Lyon-Monchat
(Rhône)

tous de faux noms. J'ai choisi Miarka, le nom sous lequel j'avais été totémisée chez les scouts. J'avais dix-neuf ans et j'entrais dans la clandestinité.

J'ai écrit à mes parents et ils ont approuvé ma décision.

Au début, mon réseau ne savait pas que j'étais juive. J'avais même peur qu'on me dise : « Tu t'engages parce que tu es juive. » Mon type physique était plutôt considéré comme « aryen ». J'avais des nattes blondes autour de la tête, on me prenait plutôt pour une Allemande que pour une Juive. J'avais droit à des réflexions désagréables.

Doudou a entrepris mon éducation, descendre et monter en marche des trolleybus, arriver pile à l'heure aux rendez-vous, ne jamais donner l'impression d'attendre quelqu'un… Je redoutais pour mes camarades d'être suivie, d'être arrêtée, mais je n'avais pas peur pour moi.

Le réseau avait un service qui réalisait un journal, l'imprimait et le distribuait, et un autre qui fabriquait des faux papiers. Chaque service

était isolé de l'autre. Il fallait les relier. Tous les jours, j'avais un contact avec quelqu'un chargé de fabriquer des faux: cartes d'autobus, cartes d'alimentation, papiers d'identité. Les rendez-vous étaient le plus souvent pris du jour pour le lendemain, mais parfois quinze jours à l'avance. Il m'arrivait d'en avoir jusqu'à dix-huit par jour et je ne devais rien noter. Il fallait une très bonne mémoire. Pour l'exercer, j'apprenais des vers par cœur. En déportation, cela m'a d'ailleurs beaucoup soutenue de les connaître et de me les réciter.

Avec ma formation de scout, j'étais sans doute plus prête que d'autres à la vie clandestine. J'ai retrouvé une amie niçoise dans la Résistance à Lyon, qui avait été la cheftaine de louveteaux de mon petit frère. Elle était adepte des «jeux de nuit». Elle m'a toujours dit que cela l'avait aidée pour la vie clandestine et le combat.

Les membres de ma famille étaient cachés dans des familles différentes. Je leur écrivais chez elles. Je recevais des lettres poste restante à Lyon.

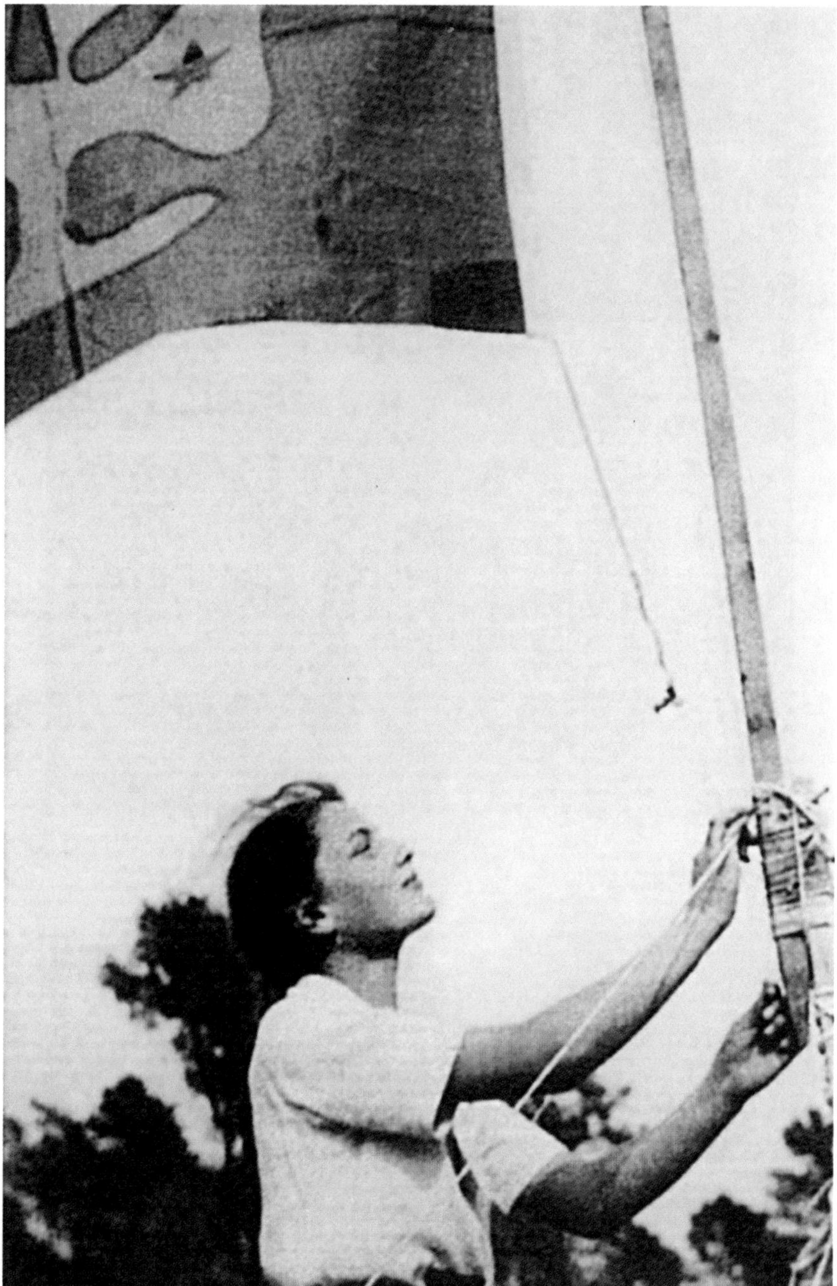

Journal de Milou, 24 octobre 1943

J'ai un peu plus parlé aujourd'hui. Ce soir, j'ai écouté à la TSF des valses. J'aime la danse ! Je voudrais danser ! Depuis que je suis ici, je m'aperçois que ce lycée qui a tant compté pour moi, au fond, je n'y ai laissé aucune trace. Que d'illusions perdues ! Ma vie spirituelle est bien pauvre en ce moment, mais je ne sais pas comment progresser.

Je pleure pour la France. Nous ne serons plus qu'une petite nation, on nous oublie, on nous met de côté. Quelle rage !

Denise

En devenant agent de liaison, j'ai quitté ma famille pour la première fois et d'une façon brutale et dramatique. Je n'avais jamais été séparée d'eux depuis ma naissance, en dehors des camps scouts. Comme Papa et Maman ne m'envoyaient pas d'argent – ils n'en avaient pas –, j'étais payée, très peu, mais payée par la Résistance. Je possédais une fausse carte d'identité. J'étais en principe étudiante en lettres. Si je voulais acheter un livre, c'était le prix de mon déjeuner. Il me fallait choisir : lire ou manger. J'étais toute seule. Personne ne devait savoir où j'habitais. Je devais me cacher. Il a fallu souvent changer de chambre. Elles étaient peu reluisantes, non chauffées. Il faisait froid. J'avais beaucoup d'engelures, je mangeais mal.

Journal de Milou, 16 novembre 1943

Les yeux m'ont brûlée toute la journée. Ce soir, Simone est sur mes genoux, sur le divan du salon, la tête sur un coussin, appuyée à la petite table. Elle a quelque chose à dire qu'elle ne dit pas : premier amour ! N'est-elle pas trop flirt ? La voyons-nous telle qu'elle paraît aux autres ?

Journal de Milou, 18 novembre 1943

Wap me parle de ce que fait Denise. Elle trouve cela fou. Non ! C'est la seule chose intéressante, la seule qui vaille la peine. On risque… la belle affaire ! Et puis nous risquons toujours, alors la différence est moins grande. Il faut bien que quelqu'un fasse ce travail.

Denise, texte écrit au retour de déportation

Souvenir du jour de Noël 1943

Mes camarades sont dans leur famille et pour la première fois de ma vie je suis seule dans une chambre glacée. Je suis obligée de me coucher car le froid me saisit, et je sanglote. Maman, Maman chérie, tu es loin, si loin. Milou, Jean, Simone et Papa… Maman, quand nous étions petits, tu nous parlais. Ta leçon de morale du 1er janvier : « Vous serez grands un jour et vous serez sages, le monde est si beau, il faut le savoir. » Maman, tu nous embrassais, ensuite nous nous endormions dans la joie.

Lettre de Simone, 8 janvier 1944

Denisette chérie, Je t'écris pendant une alerte. Elles sont maintenant presque quotidiennes et il y en a même jusqu'à deux ou trois par jour. Heureusement elles durent rarement plus d'une heure et demie et la ville elle-même ne subit que la DCA. [...] Les bonnes nouvelles que tu donnes de toi me font toujours très plaisir et j'espère que la vie continue, agréable et intéressante, et surtout pas trop seule. Quant à moi qu'ai-je fait depuis deux jours? J'ai continué à mener la même vie de patachon. Henri n'est toujours pas parti et ne partira probablement pas avant le 3 février. C'est un peu grâce aux coupages des voies de chemin de fer.

Dimanche j'ai passé toute la journée avec lui. Nous avons déjeuné ensemble au restaurant et c'était très agréable. Tous les autres jours de la semaine, je suis aussi sortie avec lui: cinéma (mais films peu intéressants), thés dans les diverses pâtisseries et cafés de la ville. Il voulait que nous allions au concert à Monte-Carlo mais malheureusement au retour il n'y a qu'un car à sept heures et demie et nous dînons à sept heures.

Je ne sais si tu as déjà aimé et si cela t'a rendue heureuse ou malheureuse. Je devrais être heureuse en principe. Mais dès que je ne suis pas avec lui, je pense à lui et le temps me paraît terriblement long. Il peut partir d'un jour à l'autre et m'oublier. En ce moment, je ne peux pas sortir quand je veux, ni aller où je veux. J'ai beaucoup de mal à le voir. Enfin j'ai seize ans, et peut-on considérer sérieusement une gosse de seize ans lorsqu'on en a vingt-trois?

À part ça je travaille, mais sans aucun courage et pour un peu j'abandonnerais complètement.

Aujourd'hui je vais déjeuner à la maison et après j'ai rendez-vous avec Henri. Je lis beaucoup; j'ai commencé *Autant en emporte le vent*, c'est très bien mais ce qui me gêne en le lisant c'est que plusieurs personnes m'ont dit que je ressemblais à Scarlett.

Demain matin je vais avoir un entretien probablement pénible avec Maman, je ne sais pas du tout comment m'y prendre: Henri veut que je parle très sérieusement de lui avec Maman.

Ta petite sœur qui t'aime

Lettre de Milou, 27 janvier 1944

Ma grande Denise chérie, Ta dernière lettre m'a fait un plaisir que tu ne saurais imaginer, c'est la première depuis bien longtemps à la lecture de laquelle il me semblait que je te retrouvais un peu, toi, telle que je te connaissais. Vraiment, quelle joie de te sentir ainsi! J'espère que ce n'est pas simplement un état d'une demi-journée que tu as retrouvé, mais que décidément tu es redevenue toi-même. Si tu pouvais savoir comme cela m'a fait plaisir.

Au fond ce qui compte, c'est de donner un sens à sa vie, un idéal, et d'y penser et d'essayer de le mettre en pratique dans tous ses actes. Mais il y a des moments où on ne voit plus le moyen de s'en approcher, on nage. Je crois aussi que ce qui rend très heureux, c'est la sensation d'être aimé, d'être aimé simplement parce que l'on est soi-même et que l'on vous prend comme vous êtes. Et d'aimer aussi, c'est bon; d'ailleurs bien souvent l'un entraîne l'autre, et on ne sait plus lequel est le premier et le plus doux. Quand je pense que tu m'aimes, cela me fait très plaisir. Et cela me rend très heureuse de t'aimer lorsque je pense à toi, et même si je ne montre jamais beaucoup ces sentiments à l'extérieur.

Je suis bien sûre que, dans l'amour, ce don de soi, s'il est réciproque, doit être délicieux ; je ne l'ai jamais éprouvé, mais je n'en doute pas. En ce moment j'ai une envie folle d'aller vivre à la campagne et de vivre la vraie vie du paysan en travaillant vraiment dur. Seulement j'y mettrais la condition d'y pouvoir lire ou méditer. Oh, plus j'y pense, plus j'en ai envie.

J'aurais envie d'aller me promener et de cueillir des fleurs. Tu n'imaginerais jamais en particulier ce que j'ai envie de faire : aller voir les arbres fruitiers là où nous allions chercher des légumes en bicyclette, maintenant que nous avons changé de quartier, je ne vais plus du tout par là ; nous y retournerons ensemble, n'est-ce pas ? Te rappelles-tu les arbres boule de neige, et les roses, et les mimosas ? Le printemps est-il agréable à Lyon ?

Surtout ne t'en fais pas pour nous. La situation pécuniaire de la famille n'est pas mauvaise. Évidemment, Maman n'en a jamais assez, comme d'habitude. Ne te fais pas de soucis, Denise chérie, pour rien du tout. Tâche d'être heureuse.

Je t'embrasse le plus tendrement.

Lettre de Simone, 27 janvier 1944

Ma Denisette chérie, Merci mille fois, j'ai bien reçu hier ton manteau et sans exagérer cela m'a fait un plaisir fou. J'ai été immédiatement le porter chez la couturière car il était un peu long et large mais il n'y a presque rien à arranger. […] À part ça, je n'ai rien de neuf à te raconter. Henri est parti mardi pour Lyon où il devait rester deux jours (peut-être l'as-tu rencontré sans le savoir) puis il devait aller à Paris. Ensuite il devait faire tout son possible pour revenir deux ou trois jours à Nice, sinon je ne le reverrai pas jusqu'à la fin de la guerre au moins. Mardi après-midi j'ai été chez Jeanne avec laquelle j'ai fait une promenade très agréable, et comme elle connaît Henri, j'ai eu le plaisir d'en entendre parler et d'en parler.

J'ai presque fini *Autant en emporte le vent*. Je trouve dommage que Scarlett devienne si antipathique sous l'influence de Rhett. Qui préfères-tu de Rhett ou d'Ashley?

J'ai vu Maman plusieurs fois. Je lui ai parlé d'Henri et naturellement elle n'est pas du tout enchantée et regrette que je ne sois plus un petit bébé. Elle a peur que je sois déçue. Ou qu'il arrive quelque chose. Je ne me fais d'ailleurs aucune illusion, je l'aime mais je sais que pour une raison ou une autre je ne le reverrai jamais.

Et toi, ma chérie, j'espère que tout va bien pour toi, que tu as l'occasion de voir souvent ton camarade et que tu as vu que tu es

payée de retour. Je pense très souvent à toi à ce sujet et espère que cela ne te cause aucune peine. Je te quitte, Denisette chérie, en t'embrassant très affectueusement et en t'envoyant encore tous mes remerciements.

Lettre de Simone, 5 février 1944

Denisette chérie, Je ne sais pas pourquoi ce soir j'ai un cafard épouvantable. Peut-être est-ce parce que ce matin j'ai eu un malentendu idiot avec Henri, nous nous sommes tous les deux vexés pour des choses qui n'en valent pas la peine et comme tous les deux nous sommes très orgueilleux… Aussi pour se venger a-t-il organisé cette après-midi une surprise-party chez lui, je suis restée tout le temps enfermée dans ma chambre : résultat notre journée à tous les deux a été complètement gâchée. Heureusement ce soir tout était très bien arrangé mais je suis triste d'avoir perdu une après-midi.

Je ne travaille plus du tout en ce moment mais ne le regrette pas car c'est terrible mais tout ça ne m'intéresse plus.

J'aurais préféré connaître l'amour que dans deux ou trois ans, un âge plus normal pour cela. Je vais aller me coucher tout de suite, prendre un cachet de Gardénal pour être vite à demain matin où je dois voir Henri.

Lettre de Milou, 8 février 1944

Ma Denise, Ce que tu me dis de toi m'attriste un peu, ta vie n'est pas toujours drôle, mais j'espérais quand même que parfois tu te sentais heureuse et que tu étais joyeuse. Mais même nous, nous ne pouvons jamais l'être entièrement, sans arrière-pensées.

Pour retrouver ces moments de pure joie, comme tu le dis, il faudra attendre que la guerre soit finie ; et ce sera bon de rire tous ensemble, sans pincements au cœur. Tâche de ne pas trop penser à des choses tristes, mais de prendre la vie du bon côté.

Es-tu sûre que tu aies tout à fait fini d'aimer ce camarade dont tu me parles ? Comment en es-tu sortie ? Avec calme ou petit déchirement ? C'est difficile de parler de cela ; mais j'espère bien que ce qu'il en reste c'est un bon souvenir et non des tiraillements.

J'allais oublier de te dire que cette fin de semaine a été mondaine pour moi : samedi, au cinéma, voir *L'Escalier sans fin* : pas fameux. Dimanche, au concert : festival Beethoven (c'est rudement agréable d'entendre un peu de musique). Lundi, à Monte-Carlo pour aller voir une exposition de César Bolletti. Il a fait des tableaux réellement

bien, ou du moins qui me plaisent, il a des teintes très chaudes. Quelques-uns de ses paysages du pays et de ses portraits sont très bien. Et il a un vase de chrysanthèmes qui vraiment me plaît.

À part cela, rien de neuf, mon intellect ne va pas mieux, j'aurais envie d'aller passer un mois à la campagne, en pleine tranquillité, mais quand aurons-nous l'esprit tranquille?

Hier après-midi, Jean, Maman et moi avons été nous promener un peu sur la Grande Corniche, mais pas bien loin. C'était fort agréable aussi.

Ce qui me plaît le plus, c'est de rester avec Maman et avec Jean. Simone sort beaucoup plus, et elle n'est pas toujours avec nous. Quant à Papa, un de ses grands passe-temps est de regarder les joueurs de boules, au soleil.

Je travaille avec Simone. Aujourd'hui nous avons lu et discuté ensemble son cours de philo. J'y prends beaucoup de plaisir.

Voilà plusieurs nuits de suite que je rêve de toi, c'est curieux.

Je t'embrasse bien tendrement. Ta Milou.

Lettre d'Yvonne, 28 février 1944
Elle signe alors ses lettres « Ta vieille Yvonne » pour ne pas éveiller les soupçons.

Ma Denisette chérie,

Es-tu toujours contente de ta nouvelle installation ? As-tu ainsi l'occasion de sortir un peu le soir ?

Et le fait de ne pouvoir même pas recevoir une camarade n'est-il pas gênant ? J'espère que ton paquet sera bien arrivé. Une partie du linge n'est pas bien jolie, mais aidera à attendre mieux. J'espère que tu as le temps maintenant de vivre sans bousculade.

Enfin, je suis obligée d'employer un mot que je n'aime pas mais qui est celui qui convient : il faut essayer de profiter (c'est ce mot-là que je n'aime pas) de chaque instant, de tout au moment même et la vie est ainsi faite de chaque minute qu'on doit essayer de réussir et d'apprécier le mieux possible.

Il faut de bonnes conditions et beaucoup de choses pour être

heureux, le bonheur est souvent un état d'âme. Pour que la vie soit vraiment complète, il faut rencontrer «l'Élu». Je souhaite tant, c'est mon très grand désir, vous voir heureux. Mais tout de même le bonheur est souvent un état d'âme et on a souvent le bonheur qu'on a su se faire. On a une grande part de responsabilité dans la conduite de sa vie propre – il me semble. Tu verras, ma très chérie, un jour tu sauras te faire une belle vie et tu la réussiras.

Hier nous avons donc passé la journée chez César Bolletti et sa famille. Ils ont fait de la musique : piano, violon, chant, phono, et ils ont même dansé un peu. Milou et Jean pour la première fois. Que n'étais-tu là. Toi que cela tentait en as-tu eu quelquefois l'occasion ?

Je crois que Simone est un peu mélancolique ces jours-ci. Espérons que cela passera, mais cela me fait de la peine.

Mes plus tendres baisers.

Ta vieille Yvonne

Lettre d'André Jacob, 11 février 1944

Signé de son nom d'emprunt, A. Jacquier, inscrit sur ses faux papiers

Ma chère Denise, Les mimosas sont en pleine floraison. Les amandiers et les cerisiers commencent à être blancs, j'espère que tu auras quelques dimanches pour aller à la vraie campagne et profiter de ce départ de l'année qui est si agréable à ressentir ; cela donne envie de courir dans les prés, de cueillir pour les jeter ensuite mille fleurs, de passer le long des haies d'aubépines ; as-tu lu *Du côté de Guermantes*, de Marcel Proust ?

Il faisait si beau l'autre matin que j'ai fait une aquarelle avec les traînées de brume sur la ville, ma pauvre boîte à couleurs était si sèche et si poussiéreuse que je n'ai pas fait grand-chose de bon.

Jean a son travail régulier et gratte des chaudières et revient d'une saleté repoussante. Je chiffre du cadastre après avoir été faire un lot à la Brague, par beau temps, il y a une semaine [...] et j'ai juste pu finir en rapportant des narcisses et quelques anémones rouges.

Ici on ne voit que déménagements de gens obligés de quitter telle ou telle rue ou tel îlot réquisitionné, surtout au bord de la mer et après le départ des étrangers. On parle du renvoi obligatoire des enfants mais il n'y a rien encore d'officiel. Certaines personnes ne peuvent rien emporter, surtout quand, absentes, elles n'ont pu être prévenues à temps. As-tu un peu le temps de lire et peux-tu trouver des livres ? Tu dis en avoir terminé avec la question de

Dieu, cela n'est jamais fini pour peu qu'on accepte la question comme sérieuse.

Pour l'Amour avec un grand A, je crains que ce ne soit un peu la même chose et que cette idolâtrie aussi ancienne soit encore plus littéraire que sérieuse. L'amitié est une chose autrement plus belle et plus réelle, quant à l'amour, il ne peut venir que quand on n'y pense pas.

Sache cependant qu'on a fait tirer le portrait de tes sœurs en peinture mais qu'elles n'en sont pas satisfaites et préféreraient être plus léchées et moins modernes. Ce n'est pas que la plus jeune dédaigne la peinture car elle en use et abuse elle-même étrangement et s'abîme la figure de façon peu agréable. Elle est coquette en diable mais avec assez peu de goût, et l'influence niçoise est trop sensible.

Bien à toi,

Ton A. Jacquier

Lettre de Simone, 4 mars 1944

Denisette chérie, Tout d'abord, excuse ce papier mais je n'en ai plus et sans ça il faut que je retarde cette lettre jusqu'à lundi, et comme ce soir je suis bien disposée, il faut en profiter. Pourquoi suis-je bien disposée? Je ne sais vraiment pas. Peut-être parce que j'ai passé une très agréable après-midi à la maison à parler avec Maman, elle est si compréhensive, elle est épatante! Milou est venue nous rejoindre vers la fin de l'après-midi et c'était très agréable mais il manquait toi, ma chérie. Quand serons-nous toutes les quatre à bavarder, tous les six? Que le temps a passé vite depuis notre enfance qui est à la fois très loin et tout près! Mais ça m'a donné envie de revoir tous ces gens qui font partie de notre passé: Eva et ses frères. Et surtout, ceux que j'avais envie de revoir c'est Claude et «André, La Merveille», la rue Jean-Baptiste-Dumas, mais je doute que nous soyons souvent réunis tels que nous étions. Certains seront occupés ou peut-être même fiancés ou mariés, et ce ne sera plus du tout la même chose.

La famille aussi est assimilée à bien des souvenirs. L'autre jour, avec Milou, nous nous rappelions les promenades du dimanche. Il n'y a pas de doute, nous avons eu une belle enfance, c'est déjà beaucoup. Maintenant pensons au présent. Pour moi est-il heureux

ou malheureux? Il faudrait que je sois difficile et exigeante pour le trouver malheureux, j'ai quelques crises de cafard de temps en temps, mais dans l'ensemble je ne veux pas me plaindre.

Sans Henri ce serait parfait, je jouirais de mon année sans arrière-pensées, j'aurais quelques camarades et je travaillerais, mais les choses sont différentes. Où en suis-je avec lui je ne sais pas, je n'y comprends rien et je renonce à comprendre. Certains jours il est absolument délicieux, je suis persuadée qu'il m'aime, alors mon humeur est excellente, le lendemain il ne viendra pas à notre rendez-vous sans raison apparente ou bien il ne sera pas à toucher avec des pincettes : ces jours-là, c'est le cafard surtout sur le moment, ce qui le met encore plus en colère.

J'en prends mon parti petit à petit mais c'est dur, surtout que je me dis que c'est peut-être de ma faute parce que je ne suis pas assez patiente, pas assez douce.

En ce moment je lis je ne sais pas combien de livres à la fois, plus ou moins attrayants d'ailleurs : *L'Évolution créatrice*, rasant au possible, *Ainsi parlait Zarathoustra*, bien, *Mein Kampf*, insipide et mal traduit.

Je te quitte, Denisette chérie, en t'embrassant affectueusement.

Simone

Quand nous avons obtenu nos faux papiers d'identité, grâce à je ne sais quel réseau, nous nous sommes sentis protégés, mais nous n'avons pas envisagé de partir pour autant. Aller où ? Comment vivre loin de chez nous si nombreux ? À partir de la fin 1943, le sentiment du danger s'est renforcé. Maman était beaucoup plus inquiète que Papa, en tous les cas elle le montrait davantage. Elle avait subi une opération assez grave au printemps 1943. Elle s'en était mal remise. La vie quotidienne est devenue terriblement compliquée. La question de ne plus sortir s'est

posée avec beaucoup d'acuité. J'étais en philo à ce moment-là. La directrice du lycée m'a fait dire que, si les Allemands venaient et me réclamaient, elle ne pourrait pas me protéger, et donc j'étais priée de rester chez moi. J'allais travailler à la bibliothèque municipale avec de faux papiers. À la demande de Maman, des professeurs du lycée ont proposé de nous héberger. Nous n'avions plus ni adresse officielle ni ressources. Nous faisions attention aux horaires. Nous évitions de nous attendre et de rester trop longtemps dans les lieux officiels.

Denise

Privée de cours, Simone est devenue «jeune fille au pair» chez un professeur en latin-grec du lycée. Ces professeurs généreux avaient vu défiler les trois Jacob et n'ont pas craint de se mettre en danger ainsi que leurs enfants. La Gestapo est d'ailleurs venue chez eux après l'arrestation de Simone. Jean a eu du mal à trouver un abri. Il s'est vu refuser la porte dans le centre des éclaireurs où nous campions souvent. Il passait d'un endroit à l'autre. Il restait en contact quotidien avec nos parents qui étaient cachés chez un ancien employé de Papa, aide-architecte dont il avait dû se séparer avec la crise. Mais César Bolletti et sa famille ont ouvert leur appartement au moment des rafles, accueillant aussi ma grand-mère maternelle, qui avait quitté Paris pour se réfugier à Nice depuis 1943. J'ai toujours pensé qu'il suffisait d'une personne pour en dénoncer cinquante, mais qu'il en fallait cinquante pour en sauver une.

À un moment, il y a eu beaucoup d'arrestations à Lyon autour de moi. Je partais le matin, je rentrais le soir. Il était déconseillé d'aller au cinéma ou au café à cause des rafles fréquentes. J'étais tout le temps dans la rue, à bicyclette, assez reconnaissable, avec mes nattes autour de la tête. On m'a conseillé d'aller prendre l'air. J'ai demandé au réseau si je pouvais aller voir ma famille à Nice. Milou allait avoir vingt et un ans. On m'a dit oui. Je suis partie. Mon arrivée fut une surprise pour eux. Nous avons fêté ensemble l'anniversaire de Milou. Quand j'ai repris le chemin de Lyon, Maman m'a accompagnée sur le quai de la gare, et ça a été nos derniers instants partagés. Ils ont été arrêtés dix jours plus tard, tout à fait indépendamment de ma visite.

On m'avait trop vue à Lyon, et le réseau avait besoin d'un agent de liaison en Haute-Savoie, qui abritait de nombreux maquis. Je suis partie à Annecy.

Lettre d'Yvonne, 28 mars 1944

Ma Denisette très chérie,

Quel vide après ton départ et quel dommage que tu n'aies pu finir la semaine avec nous. Ces quelques jours que tu nous as donnés ont filé avec une rapidité terrible et laissent, en même temps qu'un délicieux souvenir, l'impression que tu es bien loin. Enfin il faut être raisonnable et savoir apprécier ces bons jours sans rien regretter. Quand pourrai-je vous avoir de nouveau sous mes ailes sans la perspective d'un prochain départ ! Il est vrai que c'est plutôt vous, maintenant, qui me prenez sous vos ailes protectrices.

Je voudrais savoir que tu n'as pas passé un dimanche solitaire et que tu ne t'es pas sentie trop isolée. As-tu retrouvé tes camarades avec plaisir ? En tout cas, je pense que tu devras retrouver ton lit et ton cabinet de toilette avec satisfaction. Dimanche Simone n'est venue nous voir qu'à cinq heures et demi, juste une petite visite car elle a beaucoup travaillé et pendant que je t'écris elle termine sa dissertation, je pense.

Lundi matin nous avons été Milou et moi sur la route de Saint-Pierre-de-Féric qui nous a toujours été chère, nous avons vu les petits arbres qui étaient bien en fleurs. Il faisait une splendide matinée, un peu brumeuse vers le fond de l'horizon, mais c'était agréable. Nous nous sommes assises à peine vingt minutes sous les oliviers et Milou m'a lu du Musset… Le reste du temps, en marchant, nous avons peu parlé comme d'habitude. Que n'étais-tu avec nous ! J'ai cherché vainement à avoir des citrons, peut-être aurai-je plus de chance une autre fois.

Jean travaille maintenant à partir de sept heures et quart le matin et ainsi ne travaille plus du tout le samedi.

Peux-tu m'envoyer très vite ce qui reste de ta carte des denrées diverses de février et aussi des tickets 10 et 5 gr. de février de matières grasses s'il t'en reste pour toucher ton huile d'olive. Merci d'avance et je te rase toujours avec ces choses.

Ma petite fille que j'aime, je caresse tes joues si douces et t'embrasse tendrement.

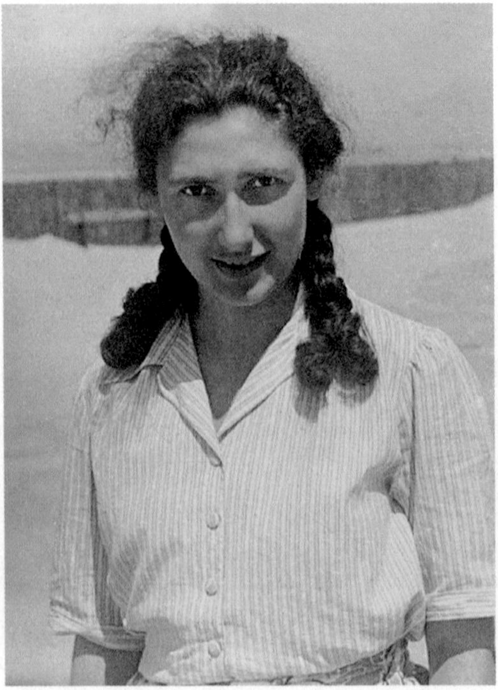

Lettre de Milou, 29 mars 1944

Ma Denise chérie, Que ta visite semble déjà loin ! Ce fut simplement une petite note en marge de notre vie. Inutile de te dire encore quel plaisir elle nous a donné !

C'est terrible comme en ces rapides journées nous avons peu parlé ; c'était trop peu de moments à passer ensemble, pour pouvoir vraiment entrer en contact profond. Comment as-tu trouvé la famille ? Bien ramollo, sans doute. Vraiment, tu trouves que Maman n'a pas trop mauvaise mine ? Pourtant cela m'ennuie bien souvent. Maman était désolée de ton départ.

À l'heure qu'il est, Simone est en train de martyriser sa cervelle pour en faire sortir quelques souvenirs de géographie. En philo, cela a assez bien marché, elle a choisi un sujet que personne, à sa connaissance, n'a pris sur le rôle de la synthèse et de l'analyse dans une science de son choix (la biologie). Les deux autres sujets

étaient de la psycho : valeur de l'introspection ; et rôle des éléments intellectuels dans les émotions.

En histoire naturelle, pas fameux : les os, composition, accroissement, etc. En physique, moyen : résistance d'un conducteur, loi de Joule. Et maintenant, à quand les résultats ? On leur a dit qu'ils ne seraient pas donnés maintenant. Son moral est assez bon, car elle reçoit des lettres d'Henri, qui travaille.

Je regrette bien de t'avoir si peu vue ; il me semble que tu n'as guère changé ; je pense bien souvent à toi. Je t'embrasse tendrement, ma Denise chérie.

Milou

Je m'excuse pour ce papier dégoûtant, et cette écriture de plus en plus laide.

Simone

J'avais pris rendez-vous avec de vieux amis, camarades de Nice, près de l'avenue Georges-Clemenceau. Il faisait beau. On s'est promenés comme ça, jusqu'à ce que je sois arrêtée par deux personnes en civil, qui m'ont demandé mes papiers. J'ai montré mes faux papiers. Ils m'ont répondu qu'ils étaient faux. Naturellement, j'ai protesté. Ils nous ont conduits tous les trois dans l'hôtel Excelsior où la Gestapo avait son centre et où les Juifs demeuraient entre les arrestations et le départ pour Drancy.

Ils m'ont confondue en me montrant une pile, avec une signature verte assez particulière, ils ont étalé une pile de cartes d'identité, qui étaient en blanc avec la même signature. Ils étaient tombés sur un stock de ces fausses cartes, ou eux-mêmes les avaient-ils fabriquées pour nous forcer à avouer, je ne le saurai jamais.

Les membres de ma famille avaient tous le même type de fausses cartes, c'était une filière. Donc je me suis dit qu'il fallait absolument que je leur fasse savoir que ces cartes étaient dangereuses et qu'il ne fallait absolument pas qu'ils sortent avec ces cartes. J'ai confié à un des garçons la mission de prévenir les gens chez lesquels j'habitais. Certains me disent que mon camarade était de mèche avec les Allemands, on ne peut jamais savoir.

De ma part, cela a été un mauvais raisonnement, mais comme jamais Maman et mon frère ne venaient dans l'immeuble où je logeais, que ma sœur logeait à un autre étage dans une autre famille, je n'ai pas pensé qu'ils pouvaient être en danger. Je n'ai pensé qu'au risque des faux papiers. Il y a eu un concours de circonstances : un rendez-vous qui avait été loupé entre ma sœur et Maman, elles se sont retrouvées dans l'immeuble et mon frère est venu aussi pour chercher quelque chose… J'aurais dû évaluer les risques. La probabilité qu'ils soient dans l'immeuble ne m'est même pas venue à l'esprit. Enfin le soir même, ils ont été arrêtés.

L'hôtel Excelsior était sale et bondé. Dans les chambres nous dormions sur des matelas à même le sol. Les gens étaient rassemblés là et, une fois par semaine, ils étaient emmenés. Ils arrivaient par petits paquets arrêtés dans la rue ou chez eux au hasard. Quand j'ai retrouvé ma famille, j'étais désespérée qu'ils soient là alors que Maman était presque soulagée d'être avec moi. Pour elle, le pire aurait été d'être séparés. On ne voyait pas comment sortir, mais on essayait de se rassurer les uns les autres, de croire que le pire n'était pas certain.

Nous avions le sentiment d'une nasse qui s'était refermée de manière dramatique.

Lettre d'Yvonne au Dr Guiberteau, ami et médecin de la famille, depuis l'hôtel Excelsior

Cher docteur,

Je vous serais très obligée de nous faire parvenir, si cela vous est possible, différents objets dont voici la liste approximative : couvertures, couvre-pieds, sacs de couchage.

Pour Jean : chaussettes de montagne, chaussettes, veston, chandail bleu et blanc, chemise, cravate, foulard bordeaux.

Pour moi : souliers marron, robe bordeaux et robe bleue à fleurs blanches avec ceintures, foulard vert et blanc, des bas, toute l'étoffe de la robe de bébé, encore un peu de linge de Milou et Simone et pour elles si possible quelques robes d'été dont une en toile bleue, qui sont dans une malle.

Une brosse à habits, de la laine et un jeu d'aiguilles à bas en métal bleu, rubans, caoutchouc, quelques boutons, encore un peu de fil. Plusieurs paquets de fondu de savon, de l'eau de Cologne, deux jeux de cartes propres. Beaucoup de papier pour écrire,

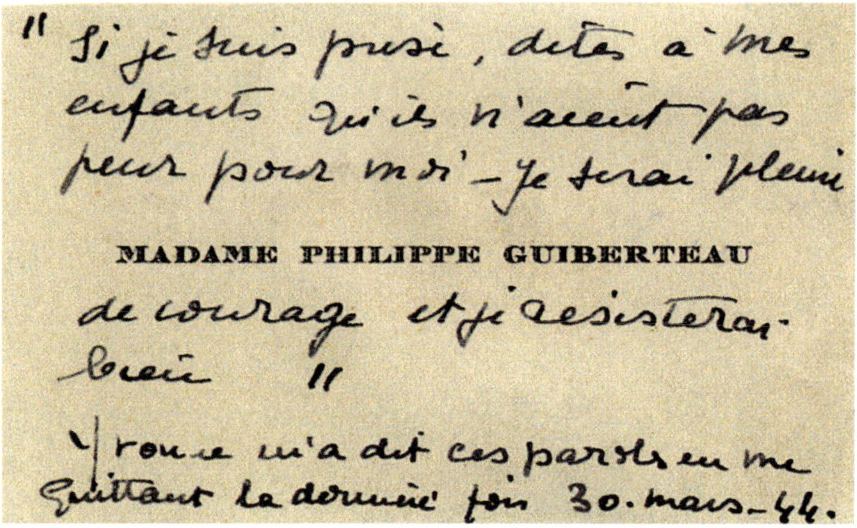
"Si je suis prise, dites à mes enfants qu'ils n'aient pas peur pour moi – je serai pleine

MADAME PHILIPPE GUIBERTEAU

de courage et je résisterai bien "

Yvonne m'a dit ces paroles en me quittant la dernière fois 30. mars-44.

de l'encre, un compte-gouttes et des crayons. Une petite boîte métallique de plumes contenant des photos dans une boîte en bois. De la vaisselle, gobelets, encore des couverts et des couteaux, de la poudre de riz, des épingles à cheveux, le réveil. Une bible, les fables de La Fontaine, deux tomes de Molière, du Racine, Pascal et quelques autres livres.

On pourrait mettre cela dans une vieille valise bleue, le rouleau à couvertures et pas mal de ficelle.

Nous avons bien reçu les affaires de Milou et Simone, les provisions et le sac à dos contenant un sac de couchage et de tout cela grand merci !

Nous allons donc très bien, sommes très bien nourris, sommes en bonne forme et avons bon moral.

En m'excusant du dérangement que je vous occasionne et avec mes remerciements, je vous envoie, cher docteur, mon souvenir reconnaissant.

Yvonne Jacob

Denise

Lorsque ma famille a été arrêtée en mars 1944, j'ai dit à mes camarades que j'étais juive. J'ai prévenu le chef du mouvement Franc-Tireur. Je lui ai demandé ce qu'on pouvait faire pour mon père, qui avait échappé à l'arrestation. Il m'a dit de le faire venir à Lyon et qu'on pouvait lui trouver des faux papiers et de quoi vivre, car mon père n'avait plus de moyens de subsistance. Mon père a refusé de venir me rejoindre à Lyon et il a été arrêté à son tour.

Simone

Nous avons pris un train entre Nice et Drancy, dans des wagons ordinaires, gardés par des soldats à l'entrée et à la sortie. Ils sont passés dans le couloir pour dire : « S'il y a des évasions, tous les gens qui sont dans le compartiment seront fusillés. »

À plusieurs reprises, certains ont eu des occasions de s'évader. En définitive, peu l'ont fait.

À Drancy, nous avons découvert une grande cour avec des gens dans tous les sens, qui étaient là, perdus, à errer. Des bâtiments dégueulasses entouraient la cour. À l'intérieur, ils étaient dégradés, dans un état affreux. On est restés ensemble pendant quelques jours.

On a appris très vite que les hommes valides pouvaient choisir de rester, de ne pas faire partie du prochain convoi. On leur a dit qu'ils avaient une possibilité de travailler pour l'organisation Todt, qui construisait sur la côte Atlantique des lignes de défense pour prévenir un débarquement. Jean en a parlé avec Maman et naturellement cela nous est apparu comme une chance. Pendant toute la déportation, on a gardé l'espoir que Jean soit resté en France. Cela a été la même chose pour mon père, puisqu'on a su assez rapidement que Papa avait été arrêté aussi.

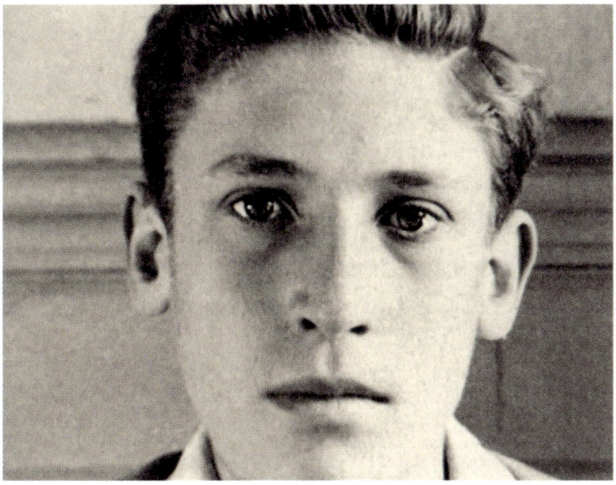

On a été séparés le soir. Nous sommes parties tôt le lendemain matin et c'est la dernière fois que l'on a vu Jean, à travers les barbelés au petit matin.

Le train est parti le 13 avril et on est arrivés le 15 au camp.

Nous nous étions installées dans les wagons, en essayant d'avoir un peu d'espace, le maximum d'air. Les portes s'étaient ouvertes un moment, mais juste pour vider les tinettes.

Il y avait ceux qui mangeaient tout ce qu'ils avaient, tout de suite, ceux qui, au contraire, économisaient parce qu'ils se disaient «on aura encore plus faim en arrivant». La peur de la faim était plus grande encore à ce moment-là que la soif. Mais la soif est venue, la promiscuité aussi, si on essayait de dormir quelqu'un d'autre se couchait sur vous.

Les pleurs des enfants, l'angoisse.

Au début, on parle, on se raconte des histoires, on imagine. Certains remontent le moral aux autres, d'autres chantent. Ceux qui ne supportent pas qu'on leur remonte le moral et qui commencent à s'engueuler.

On allait vers l'est et vers l'Allemagne. Mon seul souvenir, c'est que nous sommes passés à Francfort-sur-le-Main, au cœur de l'Allemagne. On a dû passer à Katowice aussi.

Et en pleine nuit, le train s'est arrêté.

Récit de Milou, rédigé en août 1945, trois mois après son retour en France

Journées dans le wagon
Arrivée
Marche jusqu'au camp (premières prisonnières)
Première nuit : fouille – numéros – pas à boire
Déshabillage – Épouillage
Attente – visites de Polonaises
Douche – Attente – Habillage
Fiches – Numéros à coudre – Déjeuner
Arrivée au block

Hénia, Tania, Enda, Rougia, Geria, Carola, Sabina, Maria, Manuela, Paula, Pauline, Capo, Fanny, Tola, Dorka, Tola, Ella Sousac, Angia, Ella Ioristka, Helena, Gousta, Goutta, Fella, Cola, Régina Kauch, Régina, Ianka, Édith, Valli, Anichka, Blumek, Annie, Martha…

Depuis trois jours et deux nuits que nous sommes enfermés, hommes, femmes, enfants : soixante dans un « 40 hommes et 8 chevaux ». Nous sommes à demi étendus, sur une légère couche de paille, parmi nos paquets, recevant à chaque cahot un peu plus brutal un des sacs accrochés au-dessus de nos têtes. Les hommes sont nus jusqu'à la ceinture, les femmes en combinaison ou même en soutien-gorge et culotte.

Nous dormons ou plutôt nous nous assoupissons une grande partie du temps, mangeons, nous nous éventons, nous avons soif, nous nous usons les yeux à relire une vieille lettre serrée dans notre portefeuille, parfois, nous chantons un refrain d'espoir, mais certains ont peur que cela n'attire un de nos gardiens. Les disputes recommencent, des cris, des menaces, les marques d'un égoïsme insondable, les coups même. La tinette nous envoie par moments ses effluves écœurants.

On étouffe, tous ou presque tous ces êtres sont égoïstes et méchants. Est-ce le tréfonds de leur nature qui est dévoilé à ce jour sinistre, ou bien est-ce l'horreur de leur sort qui les métamorphose ?

Ce n'est pas vrai que nous roulons vers la Pologne ! Ce n'est pas vrai que nous sommes des esclaves !

Si, pourtant, c'est vrai !

À la raison, à un cerveau surexcité par la soif, par le manque d'air, cela semble fou, c'est impensable. Comme des bêtes, sans avoir rien fait de mal, nous voilà transportés, sans même savoir où nous allons, ce que l'on nous forcera à faire, combien de jours nous vivrons.

Pourtant, nous vivons encore, nous pensons encore, nous espérons encore, et c'est ce que nous voudrions crier, hurler à ceux qui n'auraient plus jamais de nos nouvelles jusqu'au jour où, peut-être, nous rentrerons.

Le train avance toujours, puis il s'arrête, retourne en arrière, passe sur des plaques d'aiguillage. Nous voyons par les fentes des volets de fer : un désert de voies qui se rejoignent, s'emmêlent, divergent et dont chacune a son secret, chacune conduit quelque part, en un endroit précis, qui a un nom que nous ne connaissons pas. Quel est le fil qui nous dirige dans ce labyrinthe ? Les arrêts qui ont autant d'échos qu'il y a de wagons, des marches arrière qui ne sont que des pas en avant, ces chocs répétés, tout cela indique que nous sommes presque à destination : nous allons respirer, nous allons boire !

Nous voilà immobilisés depuis une heure au moins, comme c'est curieux, que se passe-t-il ? On étouffe de plus en plus, je me colle la bouche au volet pour aspirer un peu d'air frais. Voilà deux heures, en voilà trois ou bien est-ce de l'imagination ? Combien d'heures, de jours encore ? La nuit tombe au-dehors.

Enfin, des bruits de voix donnant des ordres, des portes s'ouvrent au loin. À travers les fentes, nous voyons des bagnards ! En tenue rayée bleue et grise, la tête rasée. C'est eux qui ouvrent, et qui nous font descendre en laissant nos paquets. Cette fois beaucoup ont compris qu'eux aussi étaient des bagnards.

Simone

C'était la nuit, vers minuit, des projecteurs, les chiens qui aboient, les SS qui crient, des espèces de bagnards nous poussent hors du train, nous bousculent.

On est plongés dans un monde où nous sommes entièrement dépaysés.

À partir de ce moment-là, plus rien ne ressemble à rien. Tout va très, très vite puisqu'on prend juste un bagage à main, en laissant le reste dans les wagons. La sélection s'opère sur le ballast, sur la rampe. Nous sommes séparés. Nous ne comprenons pas pourquoi certains vont d'un côté, et d'autres de l'autre tout en vous bousculant. Un Français me dit: «Quel âge vous avez? – Seize ans et demi. – Dites que vous en avez dix-huit.»

Sur le moment on ne comprend pas, tout s'accélère alors que cette sélection sur la rampe est tellement importante, elle détermine pour chacun, en quelques secondes, si on va avoir une chance de survivre ou pas. Mais à ce moment-là on n'en a aucune conscience encore. Nous sommes ahuris par les cris, par les projecteurs, par les chiens qui viennent vous mordiller, et parfois vous mordre.

Il est impossible d'imaginer la suite. On nous dit : « Vous êtes fatigués ? Il y a des camions ! » Les gens n'ont pas le temps de se dire au revoir alors qu'ils ne se reverront plus. Ils sont convaincus que certains d'entre nous vont faire le trajet en camion, d'autres à pied et qu'on se retrouvera tous dans une heure ou deux.

Milou

Des ordres en allemand ; les hommes d'un côté, les femmes de l'autre. Nous nous éloignons des wagons en voyant avec étonnement que ceux qui nous ont ouvert ont déballé nos sacs et mettent des savons et des biscuits dans leur poche. Une autre annonce : les femmes avec enfants, les femmes enceintes, les personnes âgées ou fatiguées, par ici, elles se rendront en camion au camp, les autres viennent se mettre en rang devant un officier. Par cinq ! (C'est la première fois.)

Nous passons devant l'officier qui nous compte et nous dévisage au passage.

– Madame est trop âgée, qu'elle aille en voiture.

– Mais je suis avec ma fille.

– Vous vous retrouverez plus tard.

– Quel âge ?

– Quinze ans.

– Vous êtes trop jeune.

– C'est ma sœur.

– Obéissez !

On amène une jeune fille qui trouvait plus pratique de faire le trajet en camion (ah ! ces fameux camions).

– Mais non, vous, vous irez à pied.

Simone

Durant l'été 1942 notamment, dans les convois il y avait beaucoup d'enfants seuls. C'est arrivé dans le convoi où j'étais puisqu'il transportait les enfants d'Izieu, mais je ne les ai pas rencontrés. Il y avait des projecteurs, mais chacun voyait seulement l'espace où il était. Il y avait de la boue partout. Nous n'avons pas du tout eu conscience qu'il y avait tous ces enfants. Les éducatrices, les jeunes filles qui les accompagnaient sont restées avec eux. Elles ne les ont pas laissés et elles ont été gazées tout de suite, comme les enfants.

Milou

Cinq par cinq. Nous sommes serrées toutes les trois l'une contre l'autre. Le plus longtemps possible, rester ensemble. On nous compte, on nous recompte dans la nuit. Nous commençons à avancer sur une route boueuse. Des SS marchent à côté de nous, sur le côté, ils ont l'air d'avoir envie de nous parler, et sont plutôt aimables. Celles qui parlent allemand leur posent des questions et traduisent pour nous qui les questionnons avidement toutes à la fois.

«Le camp est immense, sur quarante kilomètres. Nous serons très bien. Nous aurons une douche à l'arrivée. Les hommes et les femmes se rencontrent à leur travail. Nous reverrons nos mères et nos petites sœurs demain.» Est-ce volonté de nous donner de l'espoir? Manque de courage de nous mettre en face de la vérité? Honte de l'avouer, cette vérité? Ou bien ignorance? Nous ne savons pas, nous ne saurons jamais.

Nous continuons à avancer. Quel paysage extraordinaire. C'est immense en effet. Nous sommes sur une large route, bordée de chaque côté par des fossés, et plus loin des grillages élevés, avec un réflecteur électrique tous les dix mètres. Plus loin, c'est l'ombre, beaucoup d'autres grillages et beaucoup de points lumineux, des rectangles qui ressemblent à des piscines, quelque chose d'inconnu, d'inattendu, de tout à fait moderne dans sa régularité géométrique et électrique. Est-ce que ce sont des terrains de sport, de football ? Combien de temps marchons-nous ? Une demi-heure, trois quarts d'heure, peut-être. Nous passons sous une voûte qui transperce une grande maison, nous continuons encore. Une petite maison, genre garde-barrière, un passage à niveau. Des caisses de grenades sous les fenêtres.

Un SS en sort. Pourparlers. Il ouvre une porte dans le grillage éclairé, nous compte, et puis referme la porte derrière nous. C'est la première.

Il me semble que le chemin est le même, mais on aperçoit des masses sombres et personne. Une autre grille, cette fois nous sommes au milieu des blocks. Nous avançons parmi des tas de sable et de gravier, des amoncellements de grosses pierres, des masses plus sombres apparaissent dans l'ombre. Personne, un désert, sans herbe, sans âme.

Une fois, à notre gauche, surgissent trois, quatre femmes, une Française parmi elles. Elles se cachent de notre escorte, nous pressent de leur remettre argent, bijoux, vêtements même, elles nous les rendront demain, mais tout va nous être enlevé. Escrocs, espionnes des Allemands, amies ? Nous nous le demandons. Quelques-unes leur remettent hâtivement une bague, une montre. Elles s'enfuient vers une des masses sombres.

Simone

Chaque moment est une surprise encore plus grande par rapport à ce que nous avions pu imaginer. Une fois le tri fait, nous marchons jusqu'à un grand hangar où il n'y a rien. On s'entasse dedans. Quelques déportées sont là, en robes rayées, qui nous demandent si nous avons des bijoux ou des objets de valeur. Elles essaient de nous prendre tout ce qu'elles peuvent. Elles nous disent : « De toute façon, on vous prendra tout. » On comprend qu'on n'aura plus rien.

Une camarade que j'avais rencontrée à Nice avait un flacon de parfum Lanvin. J'ai toujours le même dans ma salle de bains, en pensant à elle. Elle l'a vidé sur les unes et les autres en disant que c'était mieux plutôt que de le donner à celles qui voulaient le voler.

On a essayé de dormir comme ça par terre, sans couvertures. Il n'y avait rien.

Le lendemain très tôt sont arrivées les équipes qui étaient chargées du tatouage, de raser les cheveux, de raser tous les poils, de raser tout ce qu'elles pouvaient raser.

Nous avons eu la chance, j'emploie ce mot car cela a joué sur notre moral et même sur notre destin, de faire partie du seul convoi dans cette période-là où la plupart des femmes n'ont pas eu les cheveux complètement rasés. Sauf quelques-unes, mais on ne sait pas pourquoi. Il y a une grande différence entre garder quelques centimètres de cheveux ou avoir une tête complètement rasée dont on ne voit que le crâne.

À ce moment-là on n'avait pas compris qu'on rasait les femmes. Dans le camp, on laissait repousser les cheveux, on ne les coupait plus systématiquement, mais ils étaient toujours très courts; les femmes que nous avons rencontrées ce premier jour – celles qui étaient placées dans les services, dans les bureaux –, venues pour nous tatouer, nous enregistrer, ces femmes avaient un peu de cheveux. C'est ensuite que nous avons découvert que les femmes étaient pour la plupart complètement rasées en arrivant.

Nous sommes conduites dans une sorte de sauna. Pendant qu'on se déshabille, qu'on est complètement nues et que l'on passe sous les douches, toutes celles qui avaient de la famille et en ont été séparées demandent encore et encore ce que sont devenus les autres, puisqu'on nous avait dit qu'on les retrouverait le lendemain.

Des déportés nous disent : « Ceux qui étaient avec vous, regardez, regardez la cheminée, ils sont déjà partis, ils ont déjà été gazés. La fumée, c'est ce qu'il en reste après que leurs corps ont été au crématoire. » Nous pensons que c'est de la méchanceté pure, un mensonge pour nous démoraliser. On a beaucoup de mal à imaginer que cela puisse être vrai.

Mais très vite, nous avons compris que nous étions tombés dans un endroit que personne n'aurait pu imaginer. Le traitement qui nous était fait, la nudité, les douches, puis la distribution des vêtements qui était quelque chose d'absolument dégradant. On avait l'impression qu'ils avaient été déchirés exprès. C'étaient des chiffons. On nous a distribué des chaussures. Elles n'étaient jamais de la même paire. On nous a servi une soupe dans une vieille gamelle rouillée, une seule gamelle pour trois et pas de cuillères. On se disait : « Mais dans quel monde sommes-nous tombées ? »

Le tatouage ensuite, avec tout de suite le sentiment de quelque chose de définitif. Dans l'esprit des SS, c'était le signe qu'on n'en sortirait jamais. La condamnation à perpétuité. Nous nous sentions comme des animaux parce que même les bagnards ne sont pas tatoués. Ce tatouage remplace notre nom, il est le numéro par lequel on nous appelle. Le tatouage devient notre identité.

L'arrivée dans les blocks… Ce sont des lieux que l'on découvre avec effroi. Le sol est en béton, un vague poêle au milieu. Des baraques tout en longueur, en briques, avec à l'intérieur uniquement des rangées qu'on appelait des coyas. En fait des cages qui ne sont pas fermées, dans lesquelles il n'y a pas de grillage extérieur. Il y a un plancher en bois et des murs en briques sur deux ou trois hauteurs. On doit s'y entasser à cinq ou six, quelquefois tête-bêche parce qu'il y a tellement peu de place. Il faut coucher presque par terre, soit au milieu, soit en haut. Les couchettes du haut étant évidemment les moins désagréables.

On y restait peu, on n'avait pas le droit d'y rester dans la journée, sauf en quarantaine. Sinon, on travaillait, il y avait l'appel du soir et, quand on rentrait, on n'avait plus qu'une idée, c'était d'essayer de dormir. Car dès quatre heures ou cinq heures du matin, c'était le réveil pour de nouveau un long appel avant de partir travailler.

Ce dont on n'a pas tellement parlé, ce sont les odeurs, ces odeurs fétides, faites à la fois de la pourriture, de la boue et de la proximité des crématoires. Durant ce mois de mai 1944, où tant de Hongrois sont arrivés mais ne sont jamais entrés dans le camp parce qu'ils ont été immédiatement gazés et brûlés, on vivait perpétuellement dans l'odeur du brûlé.

Nous éprouvions une profonde répugnance à l'idée de nous laver avec une eau fétide, rouillée, qui sentait mauvais.

Nous n'avions pas de cuillère et nous étions souvent plusieurs à manger dans la même gamelle – en général une gamelle pour trois – où chacun recrachait ce qu'il ne voulait pas manger. Avec ma mère et ma sœur nous avions de la chance nous étions trois, alors au moins, nous avions la même gamelle.

Cette horreur quotidienne était voulue par les Allemands, elle provoquait une abjection de soi-même, un dégoût. Les gens avaient beaucoup de peine à rester des êtres humains.

Entre les baraques, des espèces de choses circulaient, je dis des choses parce que c'est très difficile de parler d'êtres humains. On voyait ces choses qui circulaient dans le camp, qui ne pouvaient pas marcher avec des chaussures inadaptées, trop petites ou trop grandes. On était tellement affaiblis qu'on se traînait et qu'il y avait par terre, jusqu'à ce qu'ils reçoivent un coup et qu'ils soient obligés de se lever, des gens qu'on appelait les « musulmans », qui n'étaient plus des êtres humains, mais des sacs, des squelettes vaguement habillés.

On était en colère contre les petites Polonaises ou autres, qui étaient cheffes du block ou cheffes de chambre, les stubowa, et faisaient régner la terreur. Si on traînait un peu pour sortir du

block quand il y avait un appel, si on ne laissait pas les couvertures pliées au carré, impeccables, on recevait immédiatement des gifles, des coups. On les trouvait odieuses. Elles s'arrangeaient aussi pour se réserver le fond du baquet de soupe, qui était toujours plus épais et plus nourrissant, qu'il en reste toujours largement pour elles ou pour récupérer un reliquat de pain coupé.

C'étaient des filles très jeunes. On s'est rendu compte plus tard que ces filles étaient dans les camps ou les ghettos depuis 1939 ou 1940, qu'elles avaient vu mourir toute leur famille et que ça les avait endurcies.

Quand je regardais Maman qui était tellement pudique devant ces filles, c'était épouvantable. Alors je dois dire pour les jeunes ce qui était terrible, c'est qu'elles vous tripotaient. On restait des heures sur des gradins, assises et nues, soi-disant pour la désinfection. Les femmes de notre génération n'imaginaient pas pouvoir se montrer nues devant une autre femme. Dans certains pays, on y était plus habitué, mais les Françaises pas du tout.

Maman, elle, ne se plaignait jamais. Elle nous réconfortait. Mais pour elle, c'était très dur. Elle avait été opérée, elle avait un corps assez abîmé, elle avait eu quatre enfants. Mais cela faisait partie de l'humiliation systématique, de la volonté de vous briser, de vous ôter toute dignité.

Denise

Juste avant mon arrestation, un camarade de Résistance a lâché : «Ces Juifs sont partout, ici comme à Londres», puis il a ajouté : «Et ils ne pensent qu'à se cacher.» Là, je lui ai rétorqué : «Il faudrait savoir ce qu'on leur reproche, de se mettre en vedette ou de se cacher ?» Ce camarade, je l'ai revu après la guerre. Je n'ai jamais voulu lui rappeler cette conversation.

J'ai été arrêtée le 18 juin 1944, par un barrage de la Feldgendarmerie sur la route entre Bourgoin et La Tour-du-Pin. J'étais en taxi. Je roulais vers le maquis des Glières avec du matériel parachuté par les Britanniques. Impossible de s'échapper, vingt-cinq camions et voitures allemandes, une centaine d'hommes l'arme au poing. Le chauffeur ne savait pas ce que je transportais. En ouvrant mes bagages, les Allemands ont vu des postes émetteurs, huit accumulateurs pour les faire fonctionner et une pilule de cyanure... À cette époque, lorsque l'on était pris avec un

poste émetteur, on était immédiatement fusillé. Mais la Gestapo voulait m'interroger au préalable.

J'avais sur moi une photo de mes parents jeunes mariés, en tout petit format. Les Allemands ont cru que c'était une photo de moi. Ils n'ont pas vu que Papa avait une allure démodée. Ils m'ont interrogée sur mon «amant» qui était en réalité mon père. Ils n'ont pas insisté. J'ai pu garder la photo. Je l'ai emportée avec moi en déportation. Le parachutage contenait aussi, entre autres, des lunettes avec des verres neutres en provenance de Grande-Bretagne, pour servir de camouflage à l'un des hommes parachutés. Les Allemands ont cru qu'il s'agissait de mes lunettes, ils me les ont rendues dans leur étui. J'ai donc transporté la photo pliée en deux dans l'étui, jusqu'à mon retour de déportation.

J'ai été conduite à la prison de Montluc, de sinistre mémoire, dirigée par Klaus Barbie.

Denise, texte paru dans *Franc-Tireur* en août 1946
Un an après son retour de déportation

Je suis conduite dans une cave. Une fille pleure, arrêtée avec son fiancé, elle devait se marier six jours plus tard. Réveil à minuit. Premier interrogatoire doucereux. Je fais des réponses aussi vagues que possible. Puis fouille par une femme. Première gifle. Nuit dans une salle, nue par terre. Je dors bien pourtant. Cela vexe mes gardiens au réveil. Je peux me rhabiller. On apporte dans cette salle des chaises et ils introduisent une soixantaine d'hommes et de femmes, désignés pour les interrogatoires du jour. Parler est interdit. Tous nous nous sentons à la fois très près et très loin. Un jeune homme pâle et non rasé me donne des conseils en chuchotant, si je dois passer à la baignoire.

On m'emmène… l'ascenseur… quatrième étage… la mort certaine si on saute. Une vaste salle, une femme et des hommes. Interrogatoire sans résultat. Une demi-heure plus tard, la baignoire. C'est une salle de bains ordinaire où s'entassent avec moi quatre hommes, quatre brutes, dont deux Français. L'un s'installe, un bloc-notes et un crayon à la main. Telle est la chambre des aveux spontanés! «Déshabillez-vous!» Une seconde d'hésitation. Me voici nue, et dans un détachement d'esprit tel que j'arrive à m'abstraire de l'horreur de leur premier contact. J'ai même le sang-froid d'enlever ma montre-bracelet et de la poser sur la tablette du lavabo. Ce moment je l'attendais, je savais qu'un jour ou l'autre il m'attendait.

Me voici maintenant devant l'inconnu. Sur un ordre d'eux, je suis dans l'eau. C'est une épreuve qu'il faut passer pour la connaître. Immédiatement ma tête se vide. Je ne respire plus. C'est la lutte brutale pour la vie. Couchée au fond, les pieds en l'air liés entre eux par une courroie j'attends, l'esprit vide, la torture que mon imagination ne peut se représenter. J'ai conscience qu'il ne faut pas parler trop vite et que chacune de mes réponses devra être soit mensongère, soit imprécise. Je ne me débats pas. L'eau s'élève à mon nez, à ma bouche. J'avale consciencieusement, selon les conseils reçus. Je sais maintenant pourquoi ils sont à trois pour me tenir. Je suis robuste. Ils viennent difficilement à bout de mon agitation que j'essaie de contenir mais que je ne puis réfréner. Pour la première fois je perçois que le corps ne peut pas obéir à la volonté ! J'étouffe, je n'en peux plus… assez… assez… Entre chaque plongée : « Parlez. Que savez-vous ? Adresse de votre secrétariat ? Noms de vos complices ? » Dans ma tête, j'invente de vraisemblables fausses adresses.

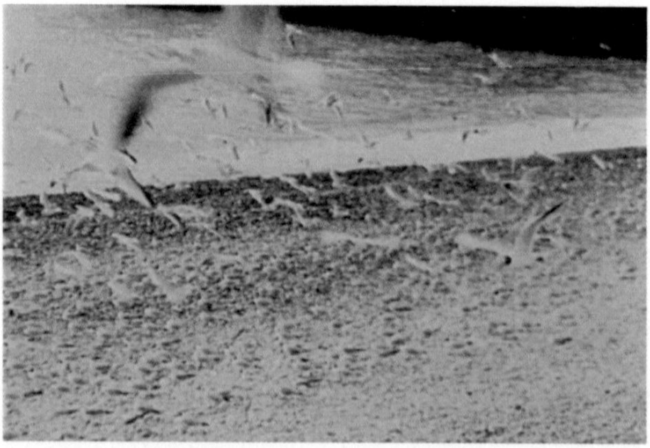

Aux suffocations des plongées, ils ajoutent lors des intervalles les suffocations causées par un arrosage du visage. Je me débats effroyablement au point de casser la bouteille. Pour éviter que je recommence, ils m'attachent les mains derrière le dos avec des menottes… et la baignoire recommence…

Après une de ces plongées, je fais un geste dont je ne m'explique pas la portée : avant qu'on me mette les menottes, je saisis une des épingles à cheveux et je tente de m'en traverser la poitrine. Le geste est absurde. Et cependant il ne s'agit pas d'un simulacre. Je serai mise ensuite sous surveillance, de crainte d'une tentative de suicide.

Enfin c'est fini… Habillée en une minute, je reprends furtivement ma montre. On m'étend dans un fauteuil et je crache avec colère et dégoût le schnaps qu'ils ont l'audace de me verser dans la bouche.

Mon interrogatoire recommence. D'autres policiers s'ajoutent, qui vont et viennent. Il va durer sept heures, mêlé de coups de poing, de gifles, de pinçons. Il me faut les égarer. Je change de disque. Je leur raconte une autre histoire. La tentation du suicide ne me quitte pas. Je mesure la distance qui me sépare des fenêtres. Si l'interrogatoire avait duré encore, j'aurais accompli le geste irrémédiable.

« Signez là. » Je signe dans l'hébétude un procès-verbal en allemand. Je feins de pleurer d'en avoir trop dit. Cependant monte

en moi l'immense joie de respirer, de vivre et d'espérer. Je suis ramenée à Montluc exténuée. Durant deux jours, je vis dans la terreur de retourner au siège de la police. J'apprendrai plus tard que, dans la masse des renseignements récoltés par la Gestapo, les fausses pistes que j'ai données ne sont pas vérifiées. À mesure que les jours s'écoulent et que mes courbatures s'évanouissent, j'ai la sensation de les avoir dupés.

Denise, texte écrit en 1946

Notre arrivée le 26 juillet 1944 se fit dans la nuit, sans aucune lumière. Où étions-nous? Tout était sombre et les ordres rudes. Des camions viennent à notre rencontre. Changement de chauffeurs et de gardes devant une grille, seuls les SS pénètrent dans l'enceinte du camp.

Il est deux heures du matin. Les sirènes mugissent. Nous voilà projetés dans le noir absolu d'une vaste salle. De l'eau et des planches. Une salle de douche sans doute. Attente dans le noir. Las, nous nous asseyons et dormons tant bien que mal, regroupés entre amis et valises.

Où étions-nous? Au camp de Ravensbrück, nous l'apprîmes le lendemain.

Simone

Qui peut s'imaginer que, sur un convoi de mille personnes, la plupart étaient gazées en quelques heures? En mai-juin 1944, les Hongrois sont arrivés. Nous avons vu les trains défiler sans arrêt. En quelques mois plusieurs centaines de milliers de Hongrois ont été exterminés, avec les femmes, les enfants. Cela paraît incroyable, y compris pour nous-mêmes qui en avons été les témoins. Ce que nous avons vu nous paraissait inconcevable. Même lorsque les cheffes de block nous montraient la cheminée, que nous sentions cette odeur de brûlé qui envahissait tout, on imaginait d'abord qu'elles voulaient nous démoraliser. On se disait : «Ce sont des monstres, elles cherchent à nous désespérer.»

Cela demandait une organisation et un acharnement exceptionnels de la part des Allemands. Il faut se représenter les moyens et l'énergie qu'il leur a fallu pour aller chercher des gens dans la campagne, prendre des jeunes enfants, leur mère, toute une famille. Alors que par ailleurs la guerre réclamait un effort important. On pourrait penser que ce qui était prioritaire pour eux, c'était de gagner la guerre. La vocation des SS était de se battre. Or pour les rafles, les Allemands pouvaient mobiliser tout un régiment. En Grèce pendant l'été 1942, il y a eu de grandes

rafles et beaucoup de déportation et notamment des déportations depuis Thessalonique et les îles grecques. Ils sont allés chercher les Juifs dans les petites îles pour qu'il n'y ait pas une famille, pas un couple, pas un enfant qui puisse s'échapper. Y compris des enfants tout petits, qui ne savaient même pas leur nom, complètement perdus, cachés dans une autre famille.

Rien ne paraît à la mesure de ce qui a été fait.

Rien n'est à la mesure de plus d'un million d'enfants exterminés.

Rien n'est plus émouvant que les photos de ces enfants. Cela reste pour moi la chose la plus atroce de se dire qu'on a fait venir de l'Europe entière, en fouillant les endroits les plus reculés, des enfants tout petits dont la seule raison d'être envoyés là, c'est que leurs parents étaient étiquetés comme Juifs.

Lorsque le chemin de fer a été prolongé, on voyait les gens descendre du train. Nous pouvions suivre la file de ces enfants, dont nous savions qu'ils n'en avaient plus que pour très peu de temps à vivre. Et pour moi, cela reste quelque chose de révoltant, d'inacceptable, d'inimaginable.

En revenant à Birkenau, bien après la fin de la guerre, j'ai vu la baraque où j'étais. Je gardais le souvenir de la rampe. Grâce à une ouverture nous pouvions voir chaque train arriver et les gens descendre, puis ceux qui entraient dans le camp ou ceux qui étaient entraînés vers les crématoires. Quand j'ai retrouvé les lieux, je me suis dit «oui, c'était vraiment très près», je n'ai pas fabulé, imaginé. Cette arrivée permanente des Hongrois et des Hongroises durant les heures où nous étions dans le block était cauchemardesque. Quand on sait que cela a duré juste deux mois et que près de cinq cent mille personnes ont été exterminées tout de suite.

Au mois de juin, nous sommes allées travailler près d'un autre crématoire, parce qu'il y avait des travaux. Nous traversions le camp des Tsiganes, qui allaient être complètement éliminés, exterminés, deux mois plus tard. On travaillait dans les fossés. Nous devions creuser des tranchées sur un terrain qui se trouvait près d'une sorte de décharge pour soi-disant y faire passer des tuyaux. Nous accomplissions des travaux incompréhensibles. Nous sommes passées le long d'un block avec une espèce de parterre jardiné à l'entrée, avec des pensées. On y trouvait des vêtements d'enfants, des poussettes, des béquilles, des jouets, qui avaient appartenu à ceux qui avaient été gazés. Les vêtements étaient encore sur les pelouses, avec ces fleurs, devant les bâtiments près des crématoires…

C'était une zone de marais, qui a dû être probablement drainée depuis ou bien les arbres désormais pompent une partie de l'eau. À l'époque, nous avions aux pieds des galoches, souvent l'une trop petite, l'autre trop grande, on trébuchait dans la boue, il n'y avait absolument aucune végétation, quelques arbres qu'on voyait au loin. Les arbres, pour moi, surtout, sur la route, dans certains trajets, il faisait très froid, et j'ai le souvenir que ces arbres pris dans la glace, c'était un des rares moments où on avait un sentiment de beauté.

J'ai été aidée par une jeune femme juive polonaise qui avait été résistante dans le ghetto de Varsovie. Elle était architecte, elle parlait un peu français. Elle m'a rencontrée un dimanche. «Viens me voir», m'a-t-elle dit. Elle avait pu se procurer deux ou trois robes qu'on a partagées avec des amies, notamment Ginette Kolinka. À chaque fois que je la vois, elle me dit «Tu te souviens de ce que tu m'avais donné!», parce que c'était précieux. Ne plus se sentir en haillons mais avec une robe. Elle n'était vraiment pas extraordinaire, mais pour nous à ce moment-là elle était d'une élégance extrême.

Grâce à une de ces robes, j'ai été remarquée par la cheffe du camp, Stenia, une Polonaise, détenue de droit commun. La rumeur disait que c'était une ancienne prostituée. Elle m'a sortie du rang et m'a dit: «Mais qui es-tu?» Je lui ai répondu en français. Elle le comprenait un peu, ce qui était extraordinaire: «Je suis française. – Est-ce que tu parles allemand? – Non, pas du tout.» Certains postes étaient protégés et peu fatigants, comme de porter des messages. Elle a insisté: «Vraiment, je veux faire quelque chose pour toi. Tu es trop jolie pour mourir ici, tu es trop jeune.» J'ai dit: «Je suis avec ma sœur et ma mère, et si nous quittons le camp, très bien, mais ce sera toutes les trois, il n'est pas question que nous nous séparions.» Quelques jours après, nous avons appris que nous étions transférées toutes les trois à Bobrek.

Bobrek était un nom mythique, une usine Siemens y était installée. Ce camp, à une dizaine de kilomètres à peine de Birkenau, était considéré comme un endroit où les conditions d'internement étaient très supérieures. On nous a fait venir dans un bâtiment situé à une des sorties du camp. Nous pensions partir directement. Mais on nous a averties qu'il fallait passer une visite médicale et nous déshabiller. J'ai reconnu Mengele, le médecin qui supervisait les visites médicales, devant lequel

on devait se présenter, et se présenter toutes. Il a mis Maman de côté, compte tenu de son état. Elle était très maigre, elle gardait les traces d'une opération qui ne s'était pas cicatrisée, et j'ai vécu une très grande angoisse. S'il la retenait, nous risquions d'être séparées parce qu'on allait nous obliger à partir sans elle avec ma sœur. Mais le pire était ce qui pouvait advenir d'elle si elle était mise de côté par Mengele. Mon angoisse épouvantable a heureusement été brève car Stenia est intervenue tout de suite, pour lui dire que nous étions sous sa protection personnelle et qu'elle tenait à ce que nous allions toutes les trois à Bobrek.

Notre transfert nous a permis de survivre. J'étais affectée à des travaux de maçonnerie dont l'utilité est restée jusqu'au bout mystérieuse. Maman n'a jamais cessé de travailler malgré son affaiblissement constant. La nourriture n'était pas plus abondante qu'à Auschwitz mais d'une qualité un peu différente, sans doute parce que Siemens cherchait à préserver un certain rendement. La soupe contenait parfois des légumes secs ou des pommes de terre.

Denise, texte écrit en décembre 1946

Le chantier est à dix minutes du camp, dix minutes au bord d'un lac plat et vaste, qui borde le camp comme il borde notre vie. Quelques canards, des poules blanches, des dindes grises. Le lac est pris dans une épaisseur de glace impressionnante. Il fait très froid, nous n'avons pas eu le temps de trop en souffrir. Sans halte ni repos de la journée. Au loin des enfants s'attardent à patiner, là-bas près des maisons de la petite ville. Le camp est d'un côté, le lac, les enfants et la petite ville de l'autre. Les cercueils attendent devant le four crématoire, déjà complet. D'un côté les rayons rouges du soleil couchant, de l'autre les flammes des corps qui brûlent, cependant que se répand l'âcre odeur de chairs humaines grillées. La porte, l'alignement, la vérification, une autre fouille par d'autres SS nous attendent. D'autres jours, d'autres nuits et d'autres travaux. Combien l'homme peut-il en supporter?

Simone

Pour survivre dans les camps, il fallait une certaine agressivité. À Birkenau, à Auschwitz puis à Bergen-Belsen, nous étions des individus isolés, chacun se défendait lui-même, en dehors d'amitiés qui ont pu se nouer, des amitiés très solides. Dans ce climat, où chacun se battait pour sa vie, ceux qui étaient trop bons et qui se laissaient dépouiller par les autres ne pouvaient pas résister. Maman et Milou étaient de cette catégorie. Si on vous volait votre morceau de pain ou votre manteau, ce qui est arrivé de très nombreuses fois, il fallait savoir se défendre, sinon, rapidement, la vie vous échappait.

C'est là que je les ai servies. Parce que j'étais plus dure.

Je pense à la marche entre Auschwitz et Gleiwitz, soixante-dix kilomètres sous la neige, dans un froid épouvantable. Je me souviens de ces trois jours d'évacuation comme de l'Enfer de Dante. Des gens qui n'avaient plus aucune force profitaient de la faiblesse de Maman pour s'accrocher à elle, espérant qu'elle les maintiendrait debout, or elle était dans un état qui le lui interdisait absolument. Elle serait tombée elle-même au bout de quelques mètres. Cette lutte pour la vie était dramatique.

D'autant plus que nous avions tous le sentiment que nous n'en sortirions pas vivants. Nous étions à la merci de l'avancée de l'Armée rouge, avec la certitude que si elle approchait les SS nous tueraient avant d'être tués à leur tour.

Le camp de Gleiwitz évoquait certains tableaux du XVIe siècle, avec des viols, des scènes de cauchemar, des tueries, des monstres… Tout était possible. Un soir, Milou et moi nous sommes écartées de notre block. Quelqu'un a surgi avec un pain en guise de cadeau, mais aussi des menaces. Nous avons eu beaucoup de mal à lui échapper. Ça a duré deux jours. Les SS attendaient les Soviétiques d'un moment à l'autre. Ils pensaient qu'ils ne s'en sortiraient pas. À côté de cela, les déportés mouraient de faim et les sélections continuaient.

Puis nous sommes montées dans un train, des petits wagons, des plateformes sans abri, destinées au transport de bois. Beaucoup de gens sont morts là. Il neigeait, il faisait froid, nous n'avions rien. Les SS étaient dans un état second, à la recherche d'orgies, tandis que nous étions dans une misère totale, nous n'avions même pas un verre d'eau.

Le train a traversé les faubourgs de Prague. Le train passait très près de certains immeubles et les gens nous jetaient du pain, nous jetaient tout ce qu'ils pouvaient. Ça arrivait souvent sur le ballast, hors de portée, quelquefois aussi on le recevait. Mais après avoir franchi la frontière autrichienne, c'était fini. Le train s'arrêtait dans des gares, les SS eux-mêmes autorisaient parfois qu'on nous apporte de l'eau. Mais les gens avaient tellement peur qu'ils ne bougeaient pas. Nous avions mis des vieilles gamelles au bout d'une ficelle pour racler la neige et pouvoir la boire.

Le train s'est arrêté dans le camp de Mauthausen, il n'y avait pas de place. C'était vers le 25 janvier. Et là, dans notre train, il devait y avoir deux mille personnes. Nous étions tellement, tellement serrés. Le train est reparti. Les gens se battaient pour arriver à rester dans le wagon parce que d'autres essayaient de les projeter au sol pour avoir plus de place. Nous sommes arrivés à Dora. Tous les hommes sont restés à Dora. Beaucoup étaient morts en route, presque la moitié.

Nous étions un tout petit groupe de trente-cinq femmes de Bobrek. Et puis une cinquantaine de femmes tsiganes. Durant cette journée que nous avons passée à Dora, une des femmes tsiganes a accouché. Elle a survécu à l'accouchement après tout ce périple. Mais elles ont tué elles-mêmes le bébé, car elles ne pouvaient pas le faire vivre.

Puis nous sommes partis pour Bergen-Belsen, où j'ai à nouveau croisé par hasard Stenia, la Polonaise qui avait été cheffe du camp à Birkenau. Nous marchions dans les allées, affamées, il n'y avait rien à manger. Des gens sont morts de faim. Il y a même eu du cannibalisme, à Bergen-Belsen. Stenia m'a dit : « Qu'est-ce que tu fais ? – Rien. » Alors elle m'a fait affecter à la cuisine des SS. Ce qui à l'époque pouvait sembler une chance et un travail anodin, par rapport au transport de sacs de ciment de cinquante kilos, m'apparaît avec le recul comme le pire peut-être de tout ce que j'ai fait. Nous devions râper des pommes de terre pour la soupe des SS. On devait remplir un tonneau pendant la journée, ce qui était absolument impossible. Je me faisais sans arrêt insulter. J'étais « la Française bonne à rien », même pas bonne à râper les pommes de terre. Mes mains étaient complètement paralysées par toutes les écorchures que j'avais. J'ai mis dans cette soupe mon sang et mes larmes.

J'avais peur, je pleurais. J'étais sans cesse menacée de renvoi des cuisines. Or ces cuisines nous permettaient de survivre. À cette époque, les déportés ne mangeaient pratiquement plus rien. Là j'arrivais à prélever un peu de soupe. Un jour j'ai puisé deux à trois verres de lait dans un grand baquet. Moi qui détestais le lait et le déteste toujours, j'ai bu le lait des SS.

J'ai un souvenir de Bergen-Belsen. Sur la grande allée centrale, jonchée de cadavres, un jour j'ai aperçu un chandail, d'une jolie couleur bleu pâle. Même au mois de mai, il ne faisait pas si chaud et ce vêtement m'aurait été utile. Il avait l'air en angora. Je me suis approchée. Il était infesté de poux. Ce qui lui donnait cette texture d'angora, c'étaient les lentes qui grouillaient dans la laine. Toute notre déportation, nous avons lutté contre les poux.

Le lien familial m'a aidée à tenir. Même dans les périodes les plus difficiles, jusqu'au mois de mars 1945, nous sommes restées ensemble. En mars 1945, Maman est tombée gravement malade. Jusque-là, il n'y a pas eu un soir, pas eu une journée où nous n'ayons été ensemble. Maman montrait un courage, un moral formidables. Elle était toujours prête à nous encourager, à nous dire que nous allions survivre, qu'il fallait que nous survivions, qu'il fallait résister. Elle était d'une présence, d'une sérénité, d'un optimisme extraordinaires. Jamais je n'ai entendu dans sa bouche, comme dans celle de Milou, d'injures ou de propos violents. Elle gardait une confiance inébranlable. Elle disait : « Jusqu'à maintenant, nous nous en sommes sorties, nous nous en sortirons. »

Milou, récit écrit en août 1945

L'obscurité commençait à tomber dans le block sur toutes ces femmes, lasses d'une longue journée sans occupation ; il y avait déjà un moment qu'elles avaient épuisé la liste des recettes de cuisine qui constitueraient tout leur dîner. Les plus fortunées épluchaient des tranches de rutabagas ; quelques-unes commençaient à se déshabiller, de façon à pouvoir épouiller leurs vêtements aux dernières clartés du jour.

Alors, nous nous lavions et nous apprêtions notre couche : remuer la paille humide posée à même le sol et étaler dessus notre couverture en couvrant exactement toute notre place habituelle, non sans de multiples incidents de frontières.

Je prenais ma musette et je recommandais à Maman de ne pas s'inquiéter si je ne rentrais pas : je partais avec une certaine angoisse pour rejoindre Simone. Celle-ci travaillait alors à la cuisine et couchait dans le camp de travail, séparé du nôtre par des barbelés que personne ne devait traverser.

J'allais ainsi tous les soirs l'embrasser, chercher ce qu'elle pouvait nous rapporter pour nous empêcher de mourir de faim et lui redonner un peu de courage pour la journée du lendemain. Cette expédition n'était pas sans écueils et sans dangers. En contournant avec art les pieds et les postérieurs des malheureuses tassées sur leur espace vital, je parvenais jusqu'à la porte, là j'apprenais que personne n'avait le droit de sortir ; en faisant la queue comme celles qui voulaient aller soulager leurs besoins, j'arrivais à me glisser dehors. Je découvrais alors que l'air était frais, que les pins sentaient bon et que le soleil se couchait tout rouge derrière eux. Nous ne pouvions même pas rester au-dehors, jouir de ces dons de la nature que personne ne peut supprimer! Retrouvant l'espoir, je chantais tout bas sous les pins, contournant les blocks et surveillant la porte afin de l'aborder carrément à un moment où les kapos et leurs bâtons seraient occupés ailleurs et où le SS de garde se dirigerait dans le même sens que moi. S'il m'interrogeait, un prétexte était prêt et, pressant le pas, je le dépassais car, une fois de l'autre côté, il était rare qu'il vous renvoyât.

J'avais déjà réussi la première partie, il ne s'agissait plus que d'attendre le retour des kommandos, devant l'autre porte du camp, gardée celle-là par deux SS et une lager-kapo qui comptaient toutes les femmes revenant cinq par cinq après leur dure journée.

Nous étions nombreuses à attendre ainsi, à la nuit tombante, une camarade, une sœur, ou simplement une vendeuse qui nous apporterait un peu de soupe, ou un vêtement à échanger le lendemain contre du pain ou seulement un rutabaga.

De temps à autre, avec cris et coups de bâton, la place était balayée, mais peu à peu nous nous y re-glissions, nous abritant du vent à l'entrée du premier block ou collées contre l'un de ses murs,

silencieuses, prêtes à nous esquiver au moindre bruit. Quelques kommandos rentraient, notre groupe diminuait, on allumait à la porte un phare que souvent l'alerte venait éteindre, on fermait cette porte comme pour nous montrer la vanité de cette attente. En grelottant, je continuais à attendre, mes espoirs déçus à chaque nouveau kommando qui passait la porte, calculais que je n'y verrais plus rien du tout pour le retour, mais pensant aussi à la cruelle déception de Simone si elle ne me trouvait pas là. Impressions d'abandon complet, d'isolement, de désespoir qui seraient les siennes.

Patiemment, quelquefois à plus de onze heures, je reconnaissais le premier rang de son kommando, je guettais son foulard blanc et je la voyais venir vers moi, son visage s'éclairant comme si elle ressuscitait à la vie, et nous allions ensemble vers son block en nous répétant les douteuses nouvelles de la guerre que nous avions recueillies dans la journée. Une fois dans le block, nous essayions, à travers la masse des filles qui bloquaient le passage, écrasées, écartelées, en marchant sur des pieds, d'arriver jusqu'à son lit. Les trois quarts dormaient déjà et les autres criaient à pleine voix le nom de leur camarade de lit pour arriver à retrouver celui-ci dans la nuit complète, causée par l'état d'alerte. Nous nous y retrouvions entières mais quelquefois délestées de ce que contenait notre poche.

Les lits étaient en bois, à trois étages, et elles y dormaient à deux ou trois dans un espace convenable pour une. Les différents étages étaient formés de planchettes non fixées reposant sur des cadres, certaines possédaient des paillasses qu'elles mettaient par-dessus. Mais certains cadres étaient vides, et il n'était pas rare de ne plus trouver ses planchettes et sa paillasse au retour d'une épuisante journée de travail. Il arrivait même qu'on retirât certaines des planchettes durant votre sommeil. Le seul moyen d'être tranquille était de confier (moyennant pain ou pommes de terre) son lit dans la journée à une de celles qui restaient au block.

Simone tombait de sommeil, levée à trois heures, debout tout le jour à porter de lourdes cuves, elle était pressée de me voir partir pour s'affaler tout habillée sur son lit. Quelquefois, elle avait pu nous rapporter un peu de pain ou un litre de soupe ou quelques pommes de terre, si elle n'avait pas été fouillée, elle me les faisait passer rapidement. Un jour, je posai sur son lit une gamelle de soupe, le temps de ramasser ses souliers pour les lui passer afin qu'elle les fourre sous sa paillasse, quand un quart de minute plus tard je voulus la reprendre, elle était déjà loin : une des insinuantes mains qui longeait tous les lits dans la nuit s'en était emparée ; adieu la soupe et, chose plus grave, la gamelle. Mais bien souvent elle revenait sans rien, et je pensais avec angoisse à notre maigreur croissante.

Alors, il fallait affronter le retour. J'avais essayé un soir de rester coucher dans son block mais je ne recommençai pas, car cela avait été une nuit terrible : impossible de trouver un lit naturellement, et impossible de rester assise ou debout contre un mur car la veilleuse de nuit passait avec son bâton partout et vous mettait dehors. J'arrivai après deux essais infructueux à me glisser sous un lit, sans attirer l'attention des dormeuses du rez-de-chaussée. Une autre vint m'y rejoindre au bout d'un quart d'heure, si discrètement qu'elle attira l'attention de la veilleuse de nuit, qui vint nous y chercher. J'errai comme je pus, telle une ombre, dans le block, et je finis par me réinstaller sous un lit à même le sol, la tête sur ma gamelle ; je me réveillai peu après en grelottant, et, en voulant me retourner, je heurtai les planches du lit du rez-de-chaussée, tant l'espace était restreint. J'eus alors la sensation d'étouffer, de suffoquer, je desserrai tous mes vêtements, et la nuit se continua en cauchemars demi-conscients, où il me semblait porter un poids énorme sur ma poitrine, ou bien être ensevelie sous un tremblement de terre. Dès qu'une lueur de jour parut, je me glissai hors de ma cage, moulue et courbatue pour trois jours.

Aussi, malgré tout, je préférais encore retourner dans mon block. Le camp était absolument silencieux et obscur, je comptais parfois sur la lune, mais il y avait toujours des nuages. Par une chance qui nous a toujours paru incompréhensible, il n'y avait pas de SS à la porte, mais ensuite il y avait à traverser un petit bois dans lequel étaient à l'affût les brutes ukrainiennes, encore robustes et toujours affamées, prêtes à tuer n'importe qui pour lui arracher sa gamelle ou son bout de pain. De temps à autre, des cris terrifiants nous apprenaient qu'une encore avait été attaquée. J'avoue que ce n'était pas sans crainte, que, seule, dans l'obscurité, je m'approchais du bois ; je le longeais en étouffant mes pas, en cachant ma gamelle et mon foulard qui aurait pu faire tache dans l'ombre, puis je prenais le plus grand chemin, et quand les arbres commençaient à s'espacer, je commençais à respirer plus calmement.

Je continuais ma marche parmi les blocks, dans l'orage parfois, enfin j'apercevais le mien. La veilleuse de nuit, si elle était là, ne voulait pas me laisser entrer, je tâchais de l'apitoyer en lui expliquant que ce n'était certes pas pour mon plaisir que je revenais si tard, quelquefois je lui glissais une part de ce que je rapportais.

Lorsque j'entrais dans le block, j'étais saisie par une suffocante odeur humaine, mêlée de relents de linge sale, de paille humide et de rutabagas pourris. Je me déchaussais pour ne pas complètement écraser celles sur lesquelles j'allais être obligée de marcher pour arriver jusqu'à ma place. Ce moment était peut-être le plus horrible de toute la soirée : mes souliers d'une main, ma gamelle de soupe en équilibre dans l'autre, il fallait que j'avance entre les corps enchevêtrés, je me guidais aux vagues lueurs des fenêtres, je restais souvent en équilibre sur un pied ne sachant ou poser l'autre, tâtonnant à droite sur une tête, à gauche sur un bras. Faisant un faux pas, en réveillant une qui, stupide, me poussait, je tombais de tout mon long sur une autre en renversant ma soupe, soulevant un concert de grognements. Le chemin me semblait interminable, rares étaient les mains qui se tendaient pour me permettre de m'appuyer un instant. Enfin j'arrivais, ayant l'impression d'avoir dansé sur la corde raide, il ne me restait qu'à m'asseoir sur mon bout de place en fourrant mes souliers et mes vêtements sous moi, et à m'endormir au milieu du grondement perpétuel, où perçait toujours en quelque coin une dispute à cris aigus.

Tous les soirs, je partais pour de telles expéditions jusqu'au jour où, en me levant, je ne vis plus que du noir, et je retombai sur place.

Simone

Un jour j'ai été violemment battue parce que j'avais volé du sucre dans la cuisine des SS. J'en avais absolument besoin pour Maman. Je me suis fait prendre par un SS, j'ai reçu des coups, mais il m'a laissé le sucre qui était la seule chose qui comptait. Nous avions cette chance extraordinaire d'être trois. À tout moment l'une ou l'autre pouvait soutenir celle qui chancelait. Nous souffrions beaucoup de l'état de notre mère, mais pour elle, voir ses filles dans une telle situation devait être encore plus douloureux.

Denise

À Ravensbrück, j'étais déportée sous un faux nom. Je savais que Milou, Maman et Simone avaient été déportées à Auschwitz. Les convois d'évacuation sont arrivés d'Auschwitz à Ravensbrück. Les évacués étaient dans un état épouvantable. J'ai posé quelques questions à une femme qui parlait français. Je lui ai dit : «J'ai des amis de Nice qui ont été déportés à Auschwitz, est-ce que cela vous dit quelque chose ?» C'était une bouteille à la mer. Il y avait des dizaines de milliers de déportés et ma question n'avait aucune chance d'aboutir. Et pourtant la femme m'a répondu : «J'ai connu les sœurs Jacob et leur mère, elles sont parties dans un kommando où la vie était moins dure, elles ont eu cette chance grâce à Simone Jacob, qui est si belle.» J'ai passé la nuit à m'interroger : fallait-il lui demander plus de détails ? Le lendemain, je l'ai revue et j'ai avoué : «Je suis leur sœur.» Je prenais un risque en le disant. Elle m'a dit : «Vous avez un tel air de famille !» Cette rencontre était un hasard extraordinaire. Je me revois dans les allées de Ravensbrück. C'était la seule personne à qui j'avais posé des questions. Et on ne me connaissait pas sous mon vrai nom, mais je l'avais quand même dit à quelques personnes pour que l'on sache où j'étais au cas où je ne rentrerais pas.

Milou, récit écrit en août 1945

Quatre cents mètres carrés, huit cents femmes, enfin huit cents larves aux os saillants sous les loques pouilleuses, deux rangées de têtes au milieu et une contre chaque paroi. Les corps s'allongent et se mêlent à partir de là, comme des rangs d'arêtes de sardines.

Celles qui savent encore se tenir debout sortent pour effectuer leurs besoins, enjambant les tibias allongés comme des pièges tout le long du block. Fransouska s'émerveille, juste au moment où elle va tomber en perdant l'équilibre parce qu'elle ne sait plus où poser son pied qui cherche à avancer. Il y a juste une petite place entre deux jambes, c'est juste la place de mettre une pointe près d'un pied, aïe ! Elle marche aussi sur une cuisse, mais on dirait qu'une Providence a disposé de place en place, bien parcimonieusement, un petit espace libre pour que tout de même on puisse avancer vers cette porte lointaine. Mais son principal sujet d'émerveillement est le fait que l'on puisse ainsi s'acquitter en une fois d'une fonction indispensable. L'homme est quand même quelque chose de bien fait, il peut manger, dormir, et au réveil, aller se soulager, et il en a pour quelques heures à être tranquille, quelle organisation !

Elle peut s'émerveiller en effet, car toutes ne sont pas pourvues de ce mécanisme régulier, et beaucoup font sous elles, ou, en tout cas, dans une petite boîte toujours à portée de main, car inutile de songer à parcourir toute la distance semée d'embûches qui les sépare des fossés.

Elle tient dans sa main tremblante, et qui lorsqu'elle perd l'équilibre tâche de se rattraper sur la tête d'une des filles assises sur le sol, la boîte où sa mère fait; dans l'autre main, la boîte d'une des voisines, qu'elle va vider aussi. Elle revient, elle chancelle de plus en plus, car cette marche l'a fatiguée. Elle retrouve sa place étroite couverte des bribes humides de sa paille, petit tas justement gardé et qui se raréfie chaque jour.

La mère est très mal. Elle ne veut plus rien manger, boire seulement, avec sa soupe, on n'obtient qu'un doigt de mixture dénommée café, et c'est mauvais pour elle. Elle fait constamment, elle prévient une fois que c'est déjà fait.

Fransouska va aller à l'infirmerie chercher du tanin, une amie de sa mère, une amie de France y travaille, il faut la trouver. À cette heure-ci, c'est interdit d'être hors des blocks, tant pis l'infirmerie n'est pas loin. Il pleut très fort, elle va être mouillée toute la journée; une course jusqu'à l'infirmerie, toutes les portes sont fermées. Il y en a d'autres qui font la queue, pour se faire soigner. Combien de temps faudra-t-il rester debout? Heureusement, il y a un mur où s'appuyer, mais les jambes fléchissent. Toutes ces filles qui attendent avec des plaies affreuses... Quand la porte s'ouvre, une sort et vingt voudraient entrer, toutes à la fois, hurlements des infirmières, porte qui claque, attendre encore, un pou sur une, toutes les autres s'écartent, l'attrapent, la giflent alors qu'elles en ont toutes, mais les poux c'est la mort.

Oh, pouvoir s'évanouir, elle le désire intensément, comment pouvoir supporter de rester debout une seconde de plus, mais elle ne s'évanouit pas et tient toujours affaiblie contre le mur. Une autre porte s'ouvre, on va voir, on soigne des filles couchées dans des lits, une hurle, on a ouvert un abcès sur un talon et le sang, le pus ont giclé. Toutes les filles dans le couloir gémissent et ne peuvent détacher leurs yeux. Le médecin vient leur fermer la porte au nez en leur criant de ne pas regarder.

Une autre porte s'ouvre, l'amie infirmière passe. Elle s'accroche à elle, lui explique que sa mère est très mal, qu'elle veut du tanin ; il faut attendre, elle tâchera d'aller la voir. Elle attend toujours, enfin à son tour, on lui remet deux pastilles de tanin.

Sous l'averse, elle rentre en courant, elle les donne à sa mère ; celle-ci les recrache à moitié. Plus tard, l'amie vient, elle dit qu'elle va aller mieux, que demain elle la fera rentrer à l'infirmerie pour la soigner, que tout va s'arranger. Mais fille sait bien qu'elle mourra, que c'est sûr, elle en a la certitude.

La nuit tombe, il faut trouver place pour chaque morceau de corps. Mère se découvre tout le temps, elle gémit un peu, elle fait sous elle.

Fille veut absolument qu'elle reste couverte, elle croit que par une espèce de sortilège elle ne mourra pas tant qu'elle sera couverte. Mais si elle se découvre, alors rien ne peut plus la protéger. Mère tient, genoux en l'air, écartés, rejette couverture que fille lui remet chaque fois avec une sorte de rage croissante. Elle essaie de la raisonner, de lui faire comprendre, elle se couche par-dessus elle pour qu'elle ne déplace pas la couverture.

Sa mère lui dit : « Oh, que tu es dure. »

Elle ne sait plus faire, elle n'en peut plus, elle a un invincible besoin de dormir. Et puis, c'est pour son bien, il faut à tout prix qu'elle soit couverte, elle ne sait plus que faire, couchée sur elle, elle sait que sa mère veut se débarrasser à tout prix de cette couverture, à bout, elle lui mord la joue, et cela n'a plus du tout une apparence de chair, et, désespérément lasse, elle glisse à côté et s'endort comme un plomb. Au réveil, le lendemain matin, la mère est morte, à peu près nue.

Les dépeceuses de cadavres, de vieilles femmes solides, des vraies Parques, un foulard mis à la mode des paysannes polonaises couvrant toute la tête, vont venir chercher le cadavre, le traîner à travers tout le block, puis aller le jeter dans les fosses, puisqu'on ne peut plus brûler tout ce qui meurt tous les jours.

On ne vous demande rien pour mourir, mais il y a une autorisation d'inhumer : on ne retire pas un cadavre s'il n'a pas de souliers. Sans doute est-ce le paiement de ces espèces de goules. Celui-ci n'en a qu'un, il faut rechercher l'autre sous les pieds des folles assises en face. Il semble que quelqu'un s'en soit déjà emparé. Après crises de larmes, désespoir de ne pouvoir remuer tous ces pieds pour voir ce qui est caché dessous, il est enfin retrouvé. Elles emportent le cadavre, mais la fille s'aperçoit ensuite qu'elle s'est trompée : elle a donné une de ses chaussures qui furent des escarpins d'un vernis noir, maintenant ouverts derrière et blancs d'avoir marché dans la neige et la boue, et a gardé un des gros richelieux portés par la mère, qui sont dans un état à peu près semblable.

Milou

Journée :

– désespoir intermittent – carotte – nettoyage place

Métaphysique : Providence

– trouver une place pour mettre ses pieds en sortant du block

– soupe qui ne se renverse pas alors que toutes les mains tremblent

– pouvoir faire une fois et être débarrassée pour quelques heures ; mécanisme merveilleux

– rite pour avoir de l'eau ; envoyer sa couverture par-dessus la tête avant d'en demander, et qu'elle se mette bien par-dessus la tête

– forcer mère à rester couverte, espèce de sortilège l'empêchant de mourir

– jamais idée qu'elle pourrait mourir ne l'effleure ni même qu'elle a le typhus

– pas cause du mal à la tête, mais l'air sur tête continuellement

– carottes pour consoler

– envie de pleurer, puis scrupules devant les autres

– nettoyage : pour mémoire de mère mais sait très bien que personne ne pourrait l'obliger à le faire

– échange de chaussures

– rêve : arrachage de croûtes

– la nuit : désorientation

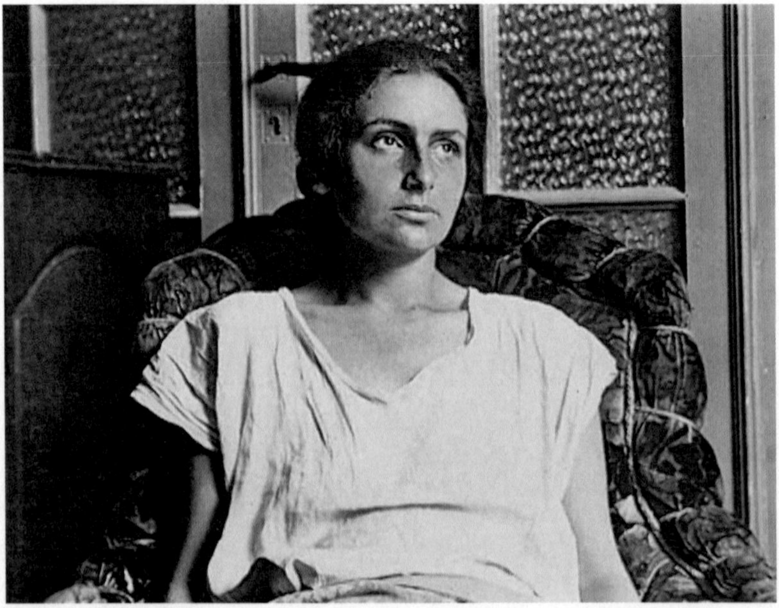

Simone

Je crois que maman était dans un tel état physique et, je ne dirais pas de désespoir, mais tout de même… Elle avait trop souffert de ce qu'elle avait vu. Elle avait été traumatisée par les comportements dont nous avions été témoins, par la découverte de ce que les hommes sont capables d'infliger aux autres. Quand elle est morte, j'avais été obligée d'aller travailler. Quand je suis rentrée le soir et que Milou m'a annoncé sa mort, je lui ai dit: «Je crois que tout était épuisé en elle.» Cela aurait été très difficile pour elle, quand nous sommes rentrées, d'attendre le sort de Papa et de Jean.
Nous avons attendu longtemps. On n'a rien su pendant très longtemps, je crois qu'elle n'aurait pas supporté, je crois qu'elle aurait été très malheureuse.

D'une certaine façon, je n'ai pas accepté sa mort.

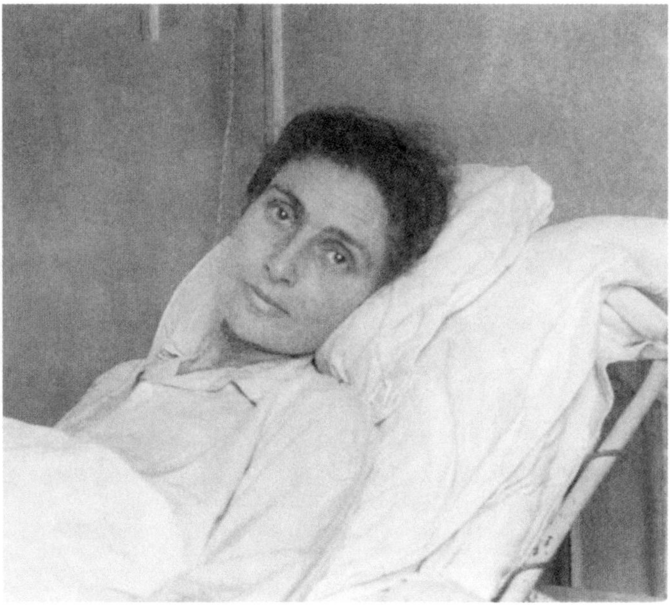

Elle a sans cesse été présente. Chaque jour, elle est présente. Depuis des années, on me demande ce qui m'a animée durant ma vie publique, ce qui m'a donné la volonté de travailler, d'accomplir un certain nombre de choses, je crois profondément que c'est elle. Quand on me demande : « Est-ce qu'il y a une personnalité qui vous a marquée ? » Je réponds non. « Est-ce qu'il y a un grand homme dans votre vie, une femme que vous admirez ? » Pour moi, la seule, c'est Maman, c'est elle qui m'a faite ce que je suis. Elle me jugerait sûrement très sévèrement sur certaines choses... Elle ne me trouverait pas assez conciliante, ni assez douce, parce qu'elle pouvait à la fois avoir des convictions, être efficace et conserver cette modération en toutes choses, ce que moi je suis incapable de faire.

Mais je crois qu'elle n'aurait pas pu supporter.

Denise, poème écrit à La Neuville, 29 août 1945

Ce ne peut être un cri de douleur, Maman chérie,
tu ne saurais faire de la peine, ta bonté était si juste
qu'elle ne s'imposait ni me manquait.
Simplement elle était comme tu étais.
Mais tu es toujours là,
ta douce et jolie figure n'a pas besoin de photos
pour que j'en évoque les moindres charmes. Même
ta mort ne peut nous désespérer car tu n'as jamais désiré
que notre bonheur. Comprends-tu combien
je te sens près – combien nous avons l'ambition toutes
les trois de t'aimer et de te ressembler,
de créer un foyer semblable au tien où les enfants…
J'admirais un soir, avec Zoue, un extraordinaire coucher
de soleil. Elle m'a dit : « Ne sois pas triste. »
Mais je ne suis pas triste. Il ne m'est plus donné de l'être.

Je suis seule et c'est très différent,
et je pensais à toi, Maman, comme une petite fille
quand je vois, fais ou désire quelque chose de bien
ou mal, je te veux près de moi.
Mais vois-tu, Maman, tu restes belle, jeune
et parfaite. Nous avons des souvenirs si précis
et si attachants, nous sommes tellement de ta chair
et tu es tellement la nôtre, que je ne peux rien regretter.
Pour moi l'immortalité réside dans la survivance en ceux
que nous avons approchés, alors, Maman chérie,
tu es immortelle, car pour mes enfants tu seras là.
Ils te connaîtront et toujours bonne et jeune,
je leur ferai ton portrait exact et vivant
et j'essaierai de leur donner le désir de te recommencer.
Alors il n'y aura pas de plus grande joie pour moi.

CASINO PARIS

Simone

Le jour de la Libération a été gâché par quelque chose d'absurde. Je travaillais à l'extérieur du camp. Les Anglais sont arrivés, il y avait le typhus, le camp était dans un état absolument épouvantable. Les Anglais ont été effrayés par les monceaux de cadavres qu'ils ont trouvés, par l'état sanitaire. Ils ont bloqué les kommandos et nous ont laissés à l'extérieur. Donc je n'ai pas pu retourner dans le block où était ma sœur. Maman était morte un mois avant. Je ne connais pas exactement la date, nous étions dans un tel état que nous ne pouvions plus compter les jours.

J'essayai de passer sous les barbelés, d'expliquer aux Anglais, en vain. De ne pas pouvoir passer ce moment-là avec Milou, pour partager, je ne dirais pas cette joie, parce que ce n'était même pas une joie, je dirais simplement un espoir, de ne pas être avec elle m'ôtait toutes les émotions que j'aurais pu ressentir.

À Auschwitz, nous avions appris que le débarquement en Normandie avait eu lieu. Il y avait un trou dans nos vies,

c'est-à-dire que nous n'avions connu ni la Libération de Paris ni l'après-Libération, et c'est un blanc que je n'ai jamais comblé.

Milou et moi ne nous souvenions pas de grand-chose, mais connaissions l'adresse de nos oncle et tante Weismann, nous savions qu'ils avaient été en Suisse. À Bergen-Belsen, après la Libération, nous avons rencontré des prisonniers de guerre français. Ils ont porté notre message auprès des Weismann, pour dire que nous rentrions toutes les deux, mais que Maman ne rentrerait pas.

Nous avions quitté Bergen-Belsen le 19 mai. Milou était très malade. Nous avons fait le voyage vers la France entassées dans des camions, souvent debout. Milou, en raison de son état de santé, était souvent placée à côté du chauffeur. Les routes étaient en très mauvais état. Nous avons dormi dans un «centre de tri» de déportés et de réfugiés à la frontière des Pays-Bas. Milou était si mal en point qu'elle a été transportée jusqu'à la gare ferroviaire en ambulance. Je me revois marchant sur une allée piétonne assez large vers la gare, pour prendre ce train. J'étais très inquiète. Des bruits couraient sur les exterminations générales dans tel ou tel camp. Nous avons retrouvé des camarades près de la gare. Nous avons parlé avec elles, échangé des informations. Une ancienne déportée d'Auschwitz m'a dit : « J'ai vu ta sœur Denise à Ravensbrück. » Je l'ai regardée, interloquée. Elle a bafouillé qu'elle s'était trompée. Je ne savais rien. Elle n'a plus ajouté un mot. Tout s'effondrait. Il se disait que beaucoup de détenues avaient été fusillées dans les derniers jours à Ravensbrück. La nouvelle était trop rude, car durant toute notre déportation nous nous étions accrochées à l'idée qu'au moins un membre de notre famille survivrait. Denise était à Lyon. Nous espérions qu'elle, au moins, avait échappé à l'arrestation et à la mort. Nous ne voulions pas imaginer autre chose. Une crise de nerfs m'a saisie et j'ai éclaté en sanglots.

Milou, en wagon sanitaire, et moi sommes arrivées à Paris le 23 mai 1945, à l'hôtel Lutetia où tous les déportés étaient enregistrés. Immédiatement nous avons cherché à nous renseigner sur le sort de Denise. On nous a appris qu'elle était déjà rentrée en France. Ma tante est venue et nous a aussitôt emmenées. Mon oncle était médecin. Milou était très malade. Plus tard, ma tante m'a dit qu'ils avaient hésité à l'hospitaliser, mais qu'ils n'avaient pas voulu nous séparer toutes les deux.

Dans l'heure qui a suivi notre retour, nous avons appris que notre cousin de vingt et un ans avait été tué un mois avant, à Karlsruhe, quelques jours avant la fin de la guerre. C'était un fils adoré, brillant, qui avait tout pour lui, cela a été pour nous deux un effondrement.

Denise

Le 21 avril 1945, la guerre n'était pas encore terminée mais une délégation de la Croix-Rouge a organisé un convoi de camions pour les neuf cent soixante femmes françaises et belges survivantes. On nous hébergea en Suisse ; une école nous avait été réservée. Douche. Isolement par crainte des maladies, notamment le typhus. Puis retour en France par la Haute-Savoie. Ce fut extraordinaire. À la halte-frontière, un régiment nous attendait pour présenter les honneurs militaires, au son de *La Marseillaise*. Des villages alentour, des hommes, des femmes, des enfants arrivaient, nous offrant ce qu'ils avaient. Nous devions être le troisième train de déportés qui revenaient en France. Nous arrivâmes à Annecy. Je retrouvai l'adresse de ma tante et de mon oncle et envoyai un télégramme à Paris. Où aller ? Je savais que ma famille avait été arrêtée. Je n'avais guère d'espoir après tout ce que je savais et avais vu. J'ai retrouvé des camarades de Résistance. Nous étions devenus comme une famille. Mais je ne savais toujours pas quoi faire de moi.

Un oncle vint me chercher pour me conduire à Paris chez ma tante. En chemin il m'apprit que notre cousin, André, que nous appelions Poucet, était tombé au champ d'honneur, en Allemagne le 9 avril 1945, à peine un mois avant la capitulation allemande, trois semaines avant mon retour. C'était mon grand ami, et pour toutes les trois un compagnon de nos vacances, doué pour la

vie. Ce fut un choc terrible. Tout ce que j'avais vécu, et comment j'avais survécu, je me voyais le lui racontant et le partager avec lui. Je me suis sentie vide et complètement désaxée.

Revoir mes deux sœurs a été une surprise extraordinaire. Simone, cheveux courts et valide. Milou, rasée, d'une faiblesse extrême, transportée rue Jean-Baptiste-Dumas, chez notre tante Zoue, ophtalmologiste, et notre oncle Bobby, médecin des hôpitaux. Nous avons été accueillies comme des enfants de la famille, une famille si endeuillée que notre retour ne compensait pas le naufrage.

Simone et Milou nous apprennent la mort de Maman, d'épuisement ou de typhus en mars 1945 après avoir résisté à la terrible et infiniment longue évacuation d'Auschwitz. Toutes les trois étaient arrivées à Bergen-Belsen. Mes deux sœurs ont survécu au typhus qui tua les deux tiers des survivants après la libération du camp par les armées britanniques.

De Papa, de Jean, partis de Drancy par un autre convoi, nous ne savions rien et nous n'avions que peu d'espoir d'avoir des nouvelles.

Milou resta convalescente plusieurs semaines. Elle se remit grâce à sa constitution et aussi au ravitaillement ponctuel en lait, œufs, fruits et légumes d'une famille amie, les Heilbronn, qui avait une ferme en Seine-et-Marne.

Simone

Dans cette maison des Weismann, qui avait été pillée, cette petite maison où nous avons habité pendant le temps où je suis restée chez ma tante, il y avait un petit cabinet de toilette : chaque jour je faisais ma toilette avec une glace dans laquelle on avait tiré une balle de fusil parce qu'on ne pouvait pas ôter la glace. Et je crois que ça m'est resté comme un symbole, il ne restait rien, ils n'avaient rien laissé, nous n'avions rien à quoi nous puissions nous raccrocher. Ma sœur était très malade. Mon oncle et ma tante n'avaient aucun goût de vivre, et on essayait, on faisait semblant. Qu'allions-nous devenir, ma sœur et moi ? Pourrions-nous un jour à nouveau vivre normalement ? Une frontière séparait les humains, ceux qui revenaient des camps et les autres. Nous étions passées de l'autre côté. Je crois que nous ne sommes jamais redevenues normales. Un sentiment d'incompréhension, de malentendu, d'absurdité m'accompagnait partout.

Denise

J'ai vécu avec Simone et Milou à Paris, chez nos oncle et tante Weismann. Notre cousine venait de se marier avec un ami de son frère. Elle habitait dans la même maison que nous. Elle attendait un enfant. C'était une maison en deuil. Il n'y avait rien, plus de meubles. Dans le cabinet de toilette, il y avait un miroir encastré dans le mur et comme les Allemands n'avaient pas pu l'emporter, ils avaient tiré dedans. C'était une maison de désespoir.

Ce retour était épouvantable. Pourtant j'avais vingt ans, et l'instinct de vie était très fort pour moi comme pour les autres. Je sortais beaucoup, surtout avec des camarades de Résistance, je ne pouvais pas supporter l'atmosphère de la maison. On ne comprit pas ou on accepta mal mes fuites alors que j'étais frappée au-delà de tout.

Je trouvais extraordinaire de me promener dans Paris. J'ai vécu une époque de réceptivité très grande, sensible au charme de tout, et aussi une grande sensibilité aux gens dont l'incompréhension me semblait normale, moi-même ne pouvant pas croire ce que j'avais vécu et à quoi j'avais survécu. J'ai fait plusieurs voyages à Lyon. Je ne pouvais pas tenir en place. C'était une façon de ne pas reprendre la vie quotidienne.

Simone

Toujours aussi indépendante, Denise a rapidement pris le large. Elle a retrouvé des camarades de son réseau. Quant à moi je veillais sur Milou et sortais peu. Chez les Weismann, l'ambiance n'était pas gaie. Ma tante ne surmontait pas le chagrin d'avoir perdu une sœur qu'elle adorait et un fils en qui elle avait placé ses espérances. Elle avait tendance à reporter son affection sur moi.

C'était le Paris de l'après-guerre, la vie matérielle était précaire mais cela n'empêchait pas les rencontres, les fêtes. Je ne savais pas m'habiller. Adolescente, j'avais connu quelques flirts, mais je ne savais pas ce que sortir signifiait. Là je n'avais plus envie de danser, ni de flirter. J'acceptais l'invitation, mais au bout de dix minutes, je trouvais cela épouvantable.

Denise

Il y a des gens qui ne parlent jamais de leur deuil. Les déportés ont eu avant tout besoin de vivre. Pas d'oublier, mais de vivre. Les garçons aussi sortaient de la guerre.

À l'été 1945, les trois filles Jacob étaient fort courtisées. Il me revient une anecdote. Le téléphone sonne souvent. Qui monte pour répondre ? Ce jour-là, ce fut moi.

« Milou est-elle libre pour dîner jeudi ? » Je transmets.

Milou : « Non. »

« Et vendredi ? – Non », je répète.

« Et mardi de la semaine prochaine ? – Non, répond Milou, ajoutant : Ce qu'il y a de mieux, c'est que c'est vrai ! »

Je répète : « Non, et ce qu'il y a de mieux, c'est que c'est vrai. » Hurlements au rez-de-chaussée. C'est ainsi que fut découragé ce soupirant entêté !

Pour nous, les sœurs, Nice, c'était fini. Milou s'était rendue rue Cluvier pour régler ce qu'il y avait à liquider (nous refusions de payer les loyers impayés pendant notre déportation) et procéder au déménagement des meubles que les Allemands avaient totalement vidés, y compris l'importante bibliothèque de Papa, amateur de belles reliures.

Pendant ces années 45-46, je vagabondais plus ou moins allègrement dans Paris, traitée en mascotte plutôt qu'en héroïne par mes camarades du mouvement Franc-Tireur, dont le journal avait alors sa place dans la grande presse nationale. Milou et moi remettions à plus tard les échanges de récits de nos déportations, de l'arrestation de la famille d'abord, de la mort de Maman, du destin de Papa et de Jean. Trop sensible, je n'osais pas aborder ces sujets.

Simone

Les premiers jours ont été particuliers pour ceux qui, comme moi, n'étaient pas malades, ceux qui étaient censés être rétablis et n'avaient pas de problèmes de santé particuliers. Le simple fait de coucher dans un lit était très difficile parce qu'on avait perdu l'habitude, alors on se couchait par terre. Il fallait retrouver les gestes pour se tenir à table, pour manger proprement, enfin toutes les choses normales de la vie, pour nous exprimer, pour lire à nouveau.

Ce qui a été le plus éprouvant, sans doute, c'est le regard que les autres ont porté sur nous, quel que soit ce regard. Pour certains, c'était un regard de compassion, ils ne savaient comment nous parler. Ils avaient envie de nous interroger mais ils étaient gênés, ils avaient peur de ne pas trouver les mots, c'était trop ou pas assez. L'indifférence totale existait aussi. Il nous est même arrivé, c'était l'été, quand on était bras nus, d'entendre : « On croyait qu'ils étaient tous morts. Hélas, il y en a qui ont survécu. » On entendait ça aussi.

Le sentiment général c'était : Mais comment sont-ils là ? Pourquoi sont-ils là ?

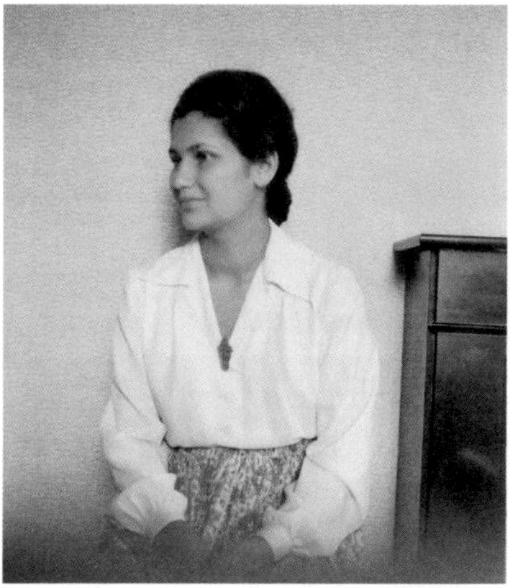

Nous affrontions aussi le cynisme de certains qui se complaisaient dans les récits de l'horreur, ce n'était jamais assez, en y ajoutant leurs fantasmes, leurs fantasmes de viols, de tortures sadiques. J'avais l'impression qu'ils se mettaient eux-mêmes en valeur en parlant de quelqu'un qui avait vécu des choses horribles.

On entendait des choses bizarres sur le numéro qui était tatoué sur notre bras. «Est-ce que c'est votre numéro de vestiaire?» C'est la question que m'a posée un jour, dans une réception, le consul de France en Allemagne. Il a toujours nié avoir posé cette question, mais je ne l'ai pas inventée. Le retour était difficile, matériellement, psychologiquement, affectivement, sur tous les plans.

Au retour du camp, je me suis sentie profondément différente. Avant j'étais gaie, coquette, souvent futile. J'avais sans cesse envie de petites choses. En rentrant, je me suis mise à établir une distance entre l'essentiel et ce qui ne l'était pas. Je me disais sans cesse: «Quelle importance?» Je suis devenue plus sévère vis-à-vis des autres, puisque je les testais sur de nouveaux critères. Ma sensibilité s'est aiguisée face à des situations qui auparavant m'auraient moins affectée.

DUPLICATUM.

RÉPUBLIQUE FRANÇAISE N° 21750 1543.

CARTE DE DÉPORTÉ POLITIQUE
Délivrée par le Ministre des Anciens Combattants et Victimes de Guerre

TITULAIRE : Veil née Jacob Simone Annie
Né le 13 juillet 1927 à Nice (A.M.)
Domicile : 53, rue Dareau
Paris 14.
Interné du 28 mars 1944 au 12 avril 1944
Déporté du 13 avril 1944 au 21 mai 1945
Carte établie le 20 février 1954
Pour le Ministre
et par Délégation
le Directeur Interdépartemental
Le Titulaire,
Duplicatum établi le 30 août 1961.

Partie a utiliser après l'avoir détachée, comme accusé de réception de la carte ci-dessus et a mettre à la poste après signature.

Je, soussigné, Simone Veil, née Jacob
reconnais avoir reçu la carte dont le numéro figure sur le présent accusé de réception.
Signature
S Veil
N° 2175.01543.

Denise

Notre situation n'était sans doute pas la même. Ce retour, nous l'avons vécu différemment, chacune avec ses deuils. Pour ma part, je retrouvais ce qu'on peut appeler un «milieu», les camarades de la Résistance. J'étais un peu la mascotte du mouvement, et ils pensaient que j'avais été fusillée. Lorsque je suis rentrée, ils m'ont fait la fête.

On disait «déportés résistants» pour ceux qui pouvaient faire état d'actes de résistance. Pour les déportés juifs, on ne voulait pas utiliser le vocabulaire nazi. On les a donc appelés «déportés politiques», du fait qu'ils avaient été déportés par l'État français.

Longtemps, ces déportés qu'on appelait «politiques», donc juifs, ont eu le sentiment de ne pas avoir été entendus. Les règles qui ont régi la Shoah sont épouvantables. La Shoah a été la mise à mort, dans des conditions effroyables, d'une partie de la population. Auschwitz était pire que tout, à cause de l'élimination méthodique.

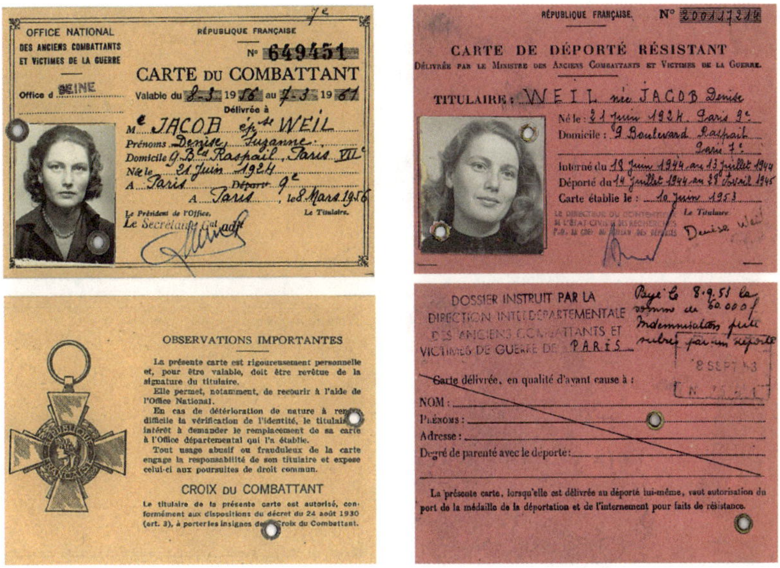
OFFICE NATIONAL
DES ANCIENS COMBATTANTS
ET VICTIMES DE LA GUERRE
Office d SEINE

RÉPUBLIQUE FRANÇAISE
N° 649451
CARTE DU COMBATTANT
Valable du 8-3 1956 au 7-3 1961
Délivrée à
Mme JACOB épse WEIL
Prénoms Denise, Suzanne.
Domicile 9 Bd Raspail, Paris VIIe
Né le 21 Juin 1924
A Paris Départt 9e
A Paris, le 8 Mars 1956
Le Président de l'Office.
Le Secrétaire Gal adjt
Le Titulaire.

OBSERVATIONS IMPORTANTES

La présente carte est rigoureusement personnelle et, pour être valable, doit être revêtue de la signature du titulaire.
Elle permet, notamment, de recourir à l'aide de l'Office National.
En cas de détérioration de nature à rendre difficile la vérification de l'identité, le titulaire a intérêt à demander le remplacement de sa carte à l'Office départemental qui l'a établie.
Tout usage abusif ou frauduleux de la carte engage la responsabilité de son titulaire et expose celui-ci aux poursuites de droit commun.

CROIX DU COMBATTANT

Le titulaire de la présente carte est autorisé, conformément aux dispositions du décret du 24 août 1930 (art. 3), à porter les insignes de la Croix du Combattant.

RÉPUBLIQUE FRANÇAISE. N° 2001172114
CARTE DE DÉPORTÉ RÉSISTANT
Délivrée par le Ministre des Anciens Combattants et Victimes de la Guerre.
TITULAIRE : WEIL née JACOB Denise
Né le : 21 juin 1924. Paris 9e
Domicile : 9 Boulevard Raspail Paris 7e
Interné du 18 Juin 1944 au 13 juillet 1944
Déporté du 14 juillet 1944 au 28 Avril 1945
Carte établie le : 10 Juin 1953
Le Titulaire
Denise Weil

DOSSIER INSTRUIT PAR LA DIRECTION INTERDÉPARTEMENTALE DES ANCIENS COMBATTANTS ET VICTIMES DE GUERRE DE PARIS
Payé le 8.9.53 la somme de 60.000 f Indemnisation perte [illegible] par un déporté
8 SEPT 53
~~Carte délivrée, en qualité d'ayant cause à :~~
NOM :
Prénoms :
Adresse :
Degré de parenté avec le déporté :
La présente carte, lorsqu'elle est délivrée au déporté lui-même, vaut autorisation du port de la médaille de la déportation et de l'internement pour faits de résistance.

Mais beaucoup de mes camarades de Résistance sont morts dans des camps de concentration où les conditions étaient extrêmement dures. Cinquante ans plus tard, par un mouvement de mémoire inversé, le drame des déportés résistants a été recouvert par celui des déportés juifs. Quand je dis que j'ai été déportée, on me répond : «Je ne savais pas que vous étiez juive.» Comme si seuls les Juifs avaient été déportés. Beaucoup de mes camarades résistants en souffrent. On ne doit pas oublier ceux qui ont pris des risques pour sauver ce qu'ils pensaient être l'honneur de leur patrie et de l'être humain.

Si les déportés juifs n'ont pas été bien accueillis, les déportés résistants non plus. Nous trouvions que les ministres chargés des anciens combattants étaient nuls, qu'il s'agisse d'Henri Frenay ou de François Mitterrand. Nuls pour les Juifs, car ils n'ont pas pris la mesure de ce qui s'était passé. Et guère mieux pour les résistants.

Journal de Milou, 2 août 1945

Arrivée à La Neuville. Cela me fait plaisir d'y revenir mais je n'ai pas senti cette émotion que je ressentais ici : j'espère du calme et du repos, un peu de solitude. Que Tante Zoue se repose, que j'essaie de remplacer un peu Maman auprès d'elle. Je me demande si je sais encore penser un peu profondément, tâche de le faire ici. Commencer à rédiger le récit de mes visites à Simone à Bergen-Belsen.

Journal de Milou, 4 août 1945

Promenades avec Zoue. Lumières splendides. Nous parlons de Maman.

Denise

Comment cerner Milou après son retour ? De 1945 à 1947, un trou.

Journal de Milou, 6 août 1945

Promenade matinale avec Oncle Bobby. Agréable mais pas le même enchantement que jadis, et pas de montée de souvenirs comme j'aurais pu m'y attendre. Nous avons pénétré dans le bois des fées, il n'est plus aussi beau, mais pas de déception.

Tante Zoue est très indulgente pour moi ; comme elle sent les gens et les choses ! Je l'ai toujours aimée ; et admirée encore plus. Mais au fond j'estime encore plus Maman. Elles sont très différentes tout en se ressemblant beaucoup, et elles savaient garder chacune leur personnalité. Mais pourquoi Maman s'imaginait-elle que, intellectuellement, je la dépassais ? Maman croyait que je lui étais supérieure. Je voudrais bien atteindre son niveau. C'est bizarre de parler d'elle de cette façon, cela traduit très mal ce que je ressens.

Nous échangions vraiment toutes nos pensées les derniers temps, Maman devait me dire les siennes encore plus totalement que moi les miennes. Je me demande si je suis capable de penser. Peut-être suis-je devenue tout à fait superficielle, et ai-je peur de tout effort intellectuel. J'ai peur de me laisser influencer par le goût de ceux qui m'entourent et d'adopter leurs jugements.

Quelle joie de m'entendre si bien avec Zoue ! J'ai écrit le récit de mes visites à Simone, à Bergen-Belsen. Je me demande si cela exprime toute l'horreur que c'était, mais il me semblait les revivre. Hier soir, je ne pouvais m'endormir en pensant à la mort de Maman.

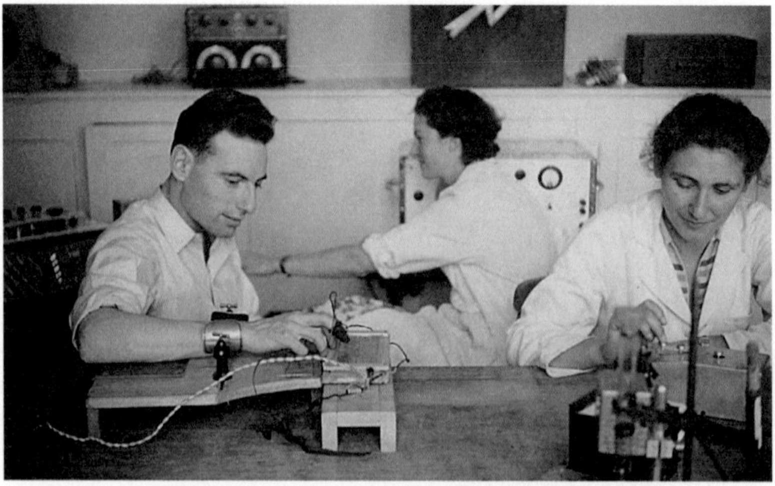

Denise

Simone se remit vite apparemment. Toutes les trois nous sommes allées, sagement, consulter au centre d'orientation professionnelle qui existait déjà rue Gay-Lussac. Il fallait remplir des questionnaires, je n'ai pas tenu le coup… Milou et Simone ont persévéré. Simone avait appris à son retour qu'elle avait été reçue au bac. Elle a été admise à Sciences-Po. Milou, qui voulait faire de l'orientation professionnelle, s'est inscrite à la Sorbonne en psycho. Je crois qu'elle fut la première à obtenir une licence en psycho pure, qui venait d'être instituée. Sereine et sage, elle s'intégra vite à une équipe de chercheurs. Nommée attachée de recherche au CNRS, elle travaillait sur l'acquisition du langage chez les nouveau-nés.

Je décidai de reprendre mes études et de m'inscrire à l'École de surintendance d'usine à Lyon. Je fus très mal accueillie et

j'en suis ressortie le premier jour en pleurant et en me disant que jamais je ne pourrais m'habituer à reprendre des cours sagement, avec des jeunes filles de dix-sept à vingt-deux ans qui ne savaient rien de rien.

Pendant les exercices que nous faisions à tour de rôle, il fallait rester debout à regarder les autres. Sans rien dire, le second jour, je pris une chaise. La monitrice me demanda pourquoi. Je lui racontais que je ne pouvais ni physiquement ni psychiquement rester debout immobile sans qu'il y ait une nécessité absolue.

J'eus presque une dépression nerveuse, presque quinze mois après mon retour. Je ne supportais plus les conversations banales et ne pouvais pas non plus parler du camp ; toute conversation me semblait vaine.

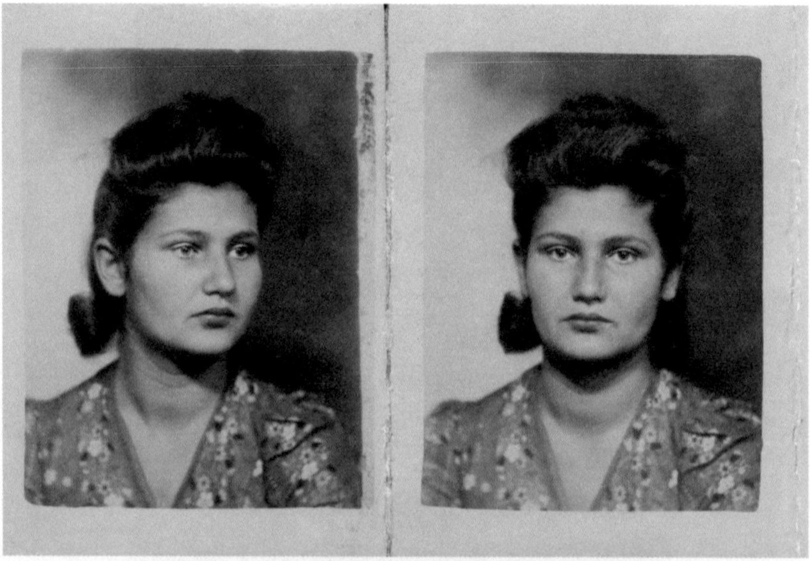

Simone

On m'a parfois demandé comment j'avais pu, après les camps, retrouver le désir de vivre. La seule réponse valable à mes yeux est celle-ci : on n'a pas le choix.

Tout le monde n'a pas eu cette chance. Mon oncle et ma tante retrouvaient leur vie professionnelle. Ils nous assuraient le gîte et le couvert. Milou et moi pouvions nous consacrer aux études.

Tout ce qui a trait à la déportation, toute la vie que nous avons eue les uns et les autres, pendant, les uns, un an, ou treize mois comme moi, d'autres beaucoup plus longtemps, était sans commune mesure avec quoi que ce soit d'autre. Cette expérience était tellement différente de toute existence normale et imaginable, de tout ce qui est crédible, que cela constituait une parenthèse. Avec en même temps cette particularité que, encore aujourd'hui, une odeur particulière, une certaine sensation de froid, une vision : c'est comme un flash et tout

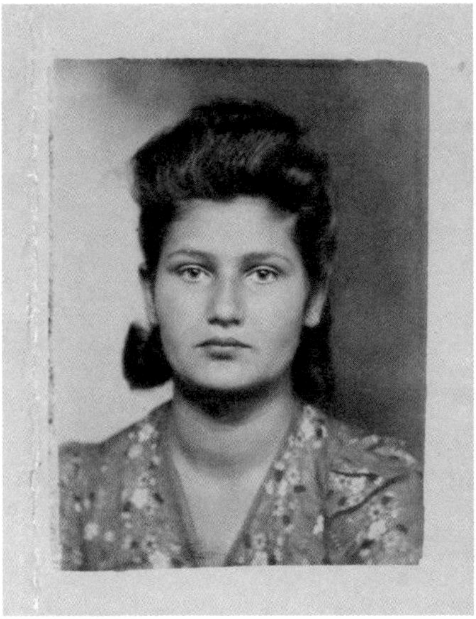

revient. Mais pour le reste, rien ne peut faire penser au camp, rien. C'est l'horreur absolue.

En rentrant du camp, je me sentais totalement dépaysée. C'est ce qui explique d'ailleurs cette difficulté pour se comprendre avec les autres. On revient d'un autre monde. Nous avons vécu dans l'absurde et nous avons beaucoup de mal à revenir dans la norme.

Ce qui m'a le plus marquée, c'est d'être passée de l'autre côté de l'humain. J'ai connu de telles humiliations que tout est devenu insupportable. Cela explique une sensibilité, une susceptibilité particulière. On est à fleur de peau. En arrivant à Birkenau, entassés pendant des heures, on a été traités comme du bétail, ce qui fait d'ailleurs que je ne supporte plus une certaine promiscuité physique. Mais on est devenus une viande et cette perception demeure. Il est très difficile de se dire qu'on est des êtres humains. Ce combat, pour retrouver notre humanité, est le plus difficile.

Lettre de Denise, 6 août 1945

Comme j'aimerais, Milche chérie, reprendre des discussions intimes avec toi. Mais j'ai peur de te paraître trop folle et je t'aime trop pour supporter un peu de mépris de ta part, même très léger. Tu es par trop raisonnable et parfaite. Cependant si on ne s'appuie pas les unes sur les autres, sur qui pouvons-nous compter?

Journal de Milou, 21 août 1945

Je vivais autrefois dans la secrète attente d'un événement, d'un être, d'une lettre qui m'ouvrirait une vie passionnante. C'était un sentiment qui ne me quittait pas, et le moindre indice me faisait tressaillir. Je ne ressens pas du tout cela actuellement, peut-être l'importance de cette dernière année m'a-t-elle assez contentée ! Je pense à une vie beaucoup plus normale, et ce qu'elle m'apporte quotidiennement suffit pour le moment à mon intérêt, je ne cherche rien d'un peu extraordinaire. Le soir promenade sur la route, ciel gris très lourd et bas, la route qui descend puis monte, toute droite, en face, impression d'infini.

Denise, septembre 1945

Être encore une petite fille, me pelotonner
dans mon lit,
ou sentir Maman proche,
active et si tendre
L'avoir là auprès de moi
comme lorsque j'étais petite
et pleurer aussi parfois
je ne sais plus pleurer
et je suis seule…
Pouvoir courir parce que je suis en retard pour le lycée
ou sortir doucement de la maison
pour faire une surprise à Maman
une course qui l'ennuyait
parler encore tous les cinq
le soir dans notre chambre
puis mettre à tour de rôle
sa chemise de nuit sur le poêle
pour la tiédir délicieusement
se coucher dans un lit déjà chaud
car nous y étions deux pour apprendre nos leçons
et attendre que Maman soit «morte»
pour qu'elle vienne du bridge au salon
et borde notre lit serré.

Toute notre volonté lutte contre le sommeil
car nous voulons son dernier baiser
Toi ou moi? qui l'aura.
Éteindre – obscurité totale
sauf par moments la marche de raie lumineuse
reflets des volets quand les phares de voiture passent
Et tout retombe dans le noir.
On échange quelques mots à voix basse
sans éveiller Simone
puis on s'endort insensiblement
Brusque réveil au départ des invités
J'ai le sommeil léger
et j'ai promis aux autres de les éveiller
car il reste les bons gâteaux
les yeux sont encore clos
on embrasse Maman
et on se couche rapidement
car nos pieds nus ont froid
et vite on se rendort.

Journal de Milou, 7 septembre 1945

Festival Mozart. Entre autres: petite musique du soir. Je pense au moment où je l'ai entendue à Bobrek.

Lettre de Denise, 22 septembre 1945

Milche chérie, Tu as déjà dû recevoir ma lettre et j'espère bien qu'elle ne t'a pas trop affolée.

Je pense bien à toi et aux moments pénibles et agréables cependant que tu dois passer à Nice. Tu sais je me sens près de toi actuellement et j'aimerais me blottir contre toi comme une petite fille. Oui, mais voilà je suis une grande fille et je t'aime tant. Peut-être à bientôt à Paris. En tout cas j'attends de tes nouvelles, ma chérie.

Lettre de Denise, 28 septembre 1945

Ma pauvre Milou, ne te fais pas trop de soucis pour toutes les affaires de Nice.

Embrasse tous les amis pour moi et garde pour toi, ma grande, les plus tendres et les meilleurs baisers.

Lettre de Milou, 30 septembre 1945

Ma Denise chérie, Je suis heureuse lorsque je reçois de tes nouvelles ; Simone est donc rentrée, et en bonne forme, tant mieux ! J'ai hâte de vous revoir. C'est agréable de vous écrire en ce moment car le courrier arrive rapidement, et on a ainsi beaucoup plus l'impression d'une conversation, et on sait davantage ce que les autres font.

J'oublie de te dire que samedi après-midi j'ai eu une forte alerte : on voulait réquisitionner l'appartement ; enfin cela s'est arrangé, comme il était normal d'ailleurs, mais il faut s'en occuper au plus tôt.

Je pense bien souvent à vous tous. Je t'embrasse tendrement,

Ta grande Milche

Simone

Au début de 1946, des amis de Sciences-Po m'ont proposé de partir aux sports d'hiver. C'étaient mes premières vacances depuis l'avant-guerre. Parmi ces amis se trouvait Antoine Veil, un camarade étudiant. Nous sommes allés à Grenoble, où vivaient ses parents. À bien des égards, par leur culture, leur histoire, ils ressemblaient aux miens. Je retrouvais une famille. J'avais dix-neuf ans. Antoine en avait vingt.

Lettre de Milou, 15 avril 1946

Ma Denise chérie, Je t'avais promis de t'écrire et bientôt tu seras là, et tu n'as rien reçu de moi. Ce n'est pas faute d'avoir pensé à toi. Mais c'est beaucoup plus difficile de prendre la plume. Pourtant j'aurais aimé t'écrire. Il me semble qu'il y a bien longtemps que nous n'avons parlé toutes les deux comme nous le faisions autrefois, pourtant je crois que nous en avons autant envie l'une que l'autre ; mais cela se présente toujours mal… ou, je ne sais, la communication ne se fait pas. Pourtant, malgré tout, nous sommes aussi près l'une de l'autre, n'est-ce pas?

Tes lettres ont fait très plaisir à tout le monde, elles ont passé de main en main. Nous voyons que tu te reposes, et que tu te plais où tu es. Je pense que malgré tout tu seras heureuse de te retrouver parmi nous. Je n'ai pas le temps de t'en écrire beaucoup plus long, je pense que tu ne m'en voudras pas. Aujourd'hui, voilà un an que les Anglais entraient à Bergen-Belsen. Un an déjà !

Journal de Milou, 13 août 1946

Promenades au bord du plateau. Toujours prenant et reposant. Discussion avec Claude et Zoue sur le libre arbitre, éternelle question. [...]

Hier longue conversation avec Zoue, à la porte du pigeonnier, sur Denise surtout, et un peu tous les autres. Denise a une autre façon que moi de prendre la vie. Elle m'estime beaucoup trop. N'ai-je pas tort? Je voudrais tant faire quelque chose pour elle; et il me semble que nous ne nous comprenons plus du tout. Elle me juge très sévèrement sans doute, et tout son entourage avec elle. Je désire faire tant de choses de ma vie, dans ma vie. En ai-je les moyens? Ai-je vraiment quelque chose en moi? Ici je me sens mieux penser, mais je ne fais rien. Paresse ou incapacité? Je sens de la poésie en moi, mais je n'ai encore jamais trouvé les mots. Je recommence à prendre espoir: je ne suis pas si vieille. Il me semblait que tout était fini, mais depuis quelques jours, je mesure que ma vie doit être encore longue, très longue, si je ne la gaspille pas.

Denise

Nous avons vécu ce qu'on a appelé le «baby-boom» et fondé très vite des familles. Simone a poursuivi Sciences-Po et des études de droit. Mariage avec Antoine Veil en novembre 1946, un de ses soupirants de Sciences-Po qui l'emmena titre en main en poste en Allemagne occupée. J'ai trouvé qu'elle avait bien du courage de retourner si vite en Allemagne. En avril 1947, je me suis mariée avec Alain Vernay et, dès le lendemain, nous sommes partis pour Londres où Alain était correspondant de *Franc-Tireur*. Je me sentais mieux en Angleterre. Milou travaille à Sainte-Anne, à l'institut Marcy. De sa vie intime, pas un mot.

Denise, septembre 1947

Peut-on rêver deux voyages plus différents? Je n'avais jamais quitté la France que pour Ravensbrück, me voilà à Londres. Contraste qui appelle de tels souvenirs... Sauras-tu oublier? Ce n'est pas la perte de mémoire que je souhaite, mais l'arrêt d'une double vie, cette superposition d'images insoutenables. Les autres, tous les autres ne peuvent pas imaginer, je crois.

[...] Il suffit d'un parfum de brouillard, d'un visage anormalement bouffi ou creusé, d'une lumière grise ou d'un ciel bas et tout chavirera à nouveau. Un mot mal venu transforme cet élan

vers la vie en un désespoir de tout, où l'on cherche on ne sait quoi. [...]

Ciel gris de Londres. Cieux de Ravensbrück. Vie du camp, appel. «Quand le ciel bas et lourd pèse comme un couvercle...» Ces mots de Baudelaire me poursuivent comme le thème permanent d'une année. 18 juin 1944-29 avril 1945. Neue Bremm, Ravensbrück, Mauthausen.

Le cycle est fermé.

«Le cœur troué» vous fait désirer de mourir d'une hémorragie.

Simone, témoignage à un colloque sur le racisme à la Sorbonne, 4 mars 1947
C'est sa première intervention publique sur sa déportation.

Je voudrais seulement apporter ici le témoignage de ce que j'ai pu observer en Allemagne au sujet de la race juive. Je me suis trouvée en contact, à Auschwitz, avec beaucoup d'Israélites déportés de tous les pays, de Hollande, de Grèce, de Belgique, de France, de Hongrie, de Tchécoslovaquie, de Pologne. D'après la théorie allemande de la race juive, ces gens auraient tous dû avoir un type commun.

Or, j'ai remarqué très souvent que, dès que je voyais une Grecque et que je la reconnaissais à son langage, je pouvais aussi la reconnaître en même temps à son type. Elle était en général brune avec des yeux noisette. De même, les Hollandaises, au lieu d'avoir un type sémite comme elles auraient dû l'avoir, avaient en général des cheveux blonds, des yeux bleus, elles étaient assez fortes et assez grandes.

Les Hongroises, par contre, avaient les pommettes saillantes et les yeux étirés en longueur. Tous ces gens se regroupaient non

pas d'après leur race, mais d'après leur nationalité. Lorsqu'elles étaient mélangées avec des aryennes, les Grecques juives se regroupaient avec des Grecques aryennes, les Françaises juives se regroupaient avec les Françaises aryennes, et ne se regroupaient pas entre Grecques et Françaises juives et Grecques et Françaises aryennes. Seules les Polonaises faisaient exception à cette règle. En effet, les Juives polonaises ont un type très différent de celui des aryennes, elles parlent mal le polonais, elles ont un type sémite assez prononcé, selon ce qu'on dit être le type sémite, et ceci tient, je crois, à ce qu'elles ont toujours vécu dans des ghettos et ont toujours été repoussées par la communauté polonaise. De même, elles étaient assez haïes par les autres Polonaises et avaient un sentiment religieux très fort. Le souvenir que les Françaises, en général, ont gardé des camps de concentration est qu'elles se sont senties très différentes des Israélites des autres pays. Elles se sentent françaises avant tout et n'ont pas voulu aller en Palestine comme les Polonaises. Elles ont voulu rentrer en France.

Lettre de Milou, 4 mai 1947

Chère Denise, Il me semble que si j'étais en Angleterre et tout particulièrement en ce moment, ce dont j'aurais envie, ce serait de me promener dans la campagne londonienne. Peut-être ai-je des illusions sur elle, créées par des poètes anglais. Ici il fait beau, mais pas depuis longtemps, il a plu toute la matinée, le temps est follement capricieux mais je l'aime assez comme ça : la pluie fait sortir les odeurs du printemps. Je crois que je vais décider de vous écrire une fois par semaine, sinon les jours s'ajouteront aux jours sans que je trouve le temps de le faire, et je ne veux pas que l'éloignement nous sépare. Parfois ce ne seront que de petits mots, tant pis, d'autres fois, ce sera plus long. Et vous ? J'espère que vous en ferez autant.

Lettre de Denise, 19 juin 1947

Milou chérie, Hier, anniversaire du premier discours de De Gaulle fêté par un banquet auquel nous étions conviés. Anniversaire aussi de mon arrestation, lointaine et si proche pour citer un lieu commun. Mon anniversaire dans deux jours que je regrette de ne pas fêter près de vous, qui évoque (comme chacune de ces dates : 13 juillet, 15 novembre, 12 décembre, 18 mars, 31 janvier) des jours si heureux d'entente et d'affection réciproque.

Notre lecture favorite pour les soirs particulièrement heureux et paisibles, *Le Petit Prince*, que je lis à haute voix pour Alain qui ne le connaît pas encore. Une plume délicieuse : « Il y a une fleur… je crois qu'elle m'a apprivoisé… » Prévert aussi de temps en temps.

Lettre de Milou, non datée

Ma Denise,

Je n'ai plus rien à faire en principe (et une foule de petites choses dont je recule constamment l'échéance), et je ne fais rien, je lis, c'est tout, et je suis vaseuse. Je ne sais même pas ce que j'ai envie de faire. [...] Je suis contente d'aller à La Neuville pour m'y reposer et avoir le temps de réfléchir.

Lettre de Simone, 4 juillet 1947

Ma chère Denisette,

Tu ne peux pas savoir combien ta lettre m'a fait plaisir et combien je me réjouis avec toi de ce grand événement. J'espère que tes malaises vont mieux car cela est bien désagréable, je n'ai rien trouvé qui puisse les éviter.

Lettre de Milou, non datée

Chère Denise,

Et quand je pense que vous êtes mariées toutes les deux, et bientôt mères de famille, cela me paraît invraisemblable. Ce que le temps passe vite ! Je t'embrasse tendrement, ma chérie, mes affectueuses amitiés pour Alain.

Lettre de Simone, 5 juillet 1947

Ma Denisette,

Les futurs cousins n'auront que quelques mois de différence et j'espère qu'ils auront dans l'avenir l'occasion de beaucoup se voir et de s'entendre comme s'entendaient leurs mères. J'ai écrit à Milou comme tu me le demandais et je pense qu'elle en sera très heureuse. Ce que je souhaite maintenant c'est que ce soit bientôt elle qui nous annonce cela.

Lettre de Simone, 15 juillet 1947

Milou chérie,

J'ai été très touchée par ton coup de téléphone le jour de mon anniversaire. La journée de mes vingt ans s'est très bien passée quoique malheureusement Antoine ait été de permanence au ministère : j'ai pensé alors combien nous étions choyées par Maman à la maison les jours de nos anniversaires.

Lettre de Denise, non datée

Ma chère Milou,

Comment se sont passés tes examens, est-ce fini et bien fini pour cette année, je suis pressée de le savoir. N'es-tu pas trop fatiguée, pas trop maigre? Comment te coiffes-tu en ce moment? Penses-tu venir à Londres et quand?

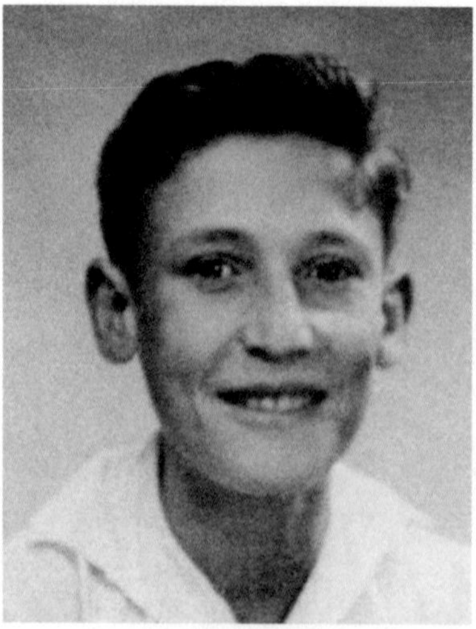 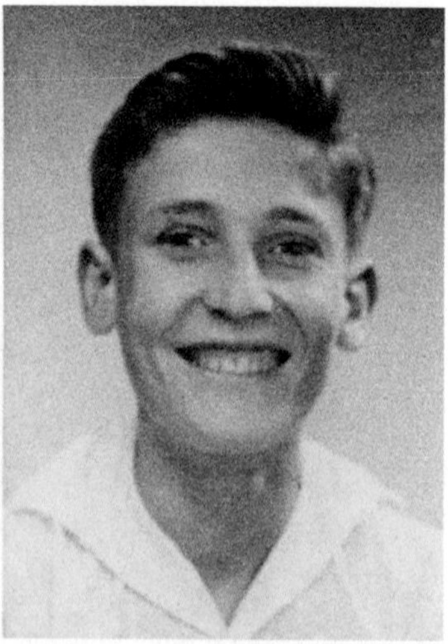

Lettre de Milou, non datée

Ma Denise, J'ai déjeuné chez Simone, elle va bien et Antoine l'expédie ce soir à Nancy pour deux ou trois semaines. Elle se reposera plus qu'ici et pourra préparer son examen de droit. Je suis toujours très bien mais comme je suis copieusement énorme je ne sais pas très bien quoi faire de ma personne.

Lettre de Simone, 27 octobre 1947

Chère Milou, Avant de quitter Paris, j'avais vu avec Antoine deux nouveaux films français *Antoine et Antoinette*, pas mal sans plus, et *Quai des Orfèvres* que nous avons trouvé vraiment très bien. On ne parle toujours pas de jouer ici *Autant en emporte le vent*, j'ai très envie de le voir mais je ne sais pas quand ce sera : donne-moi tes impressions quand tu l'auras vu.

Lettre de Denise, 17 novembre 1947

Milou chérie, Le 14 je voulais t'écrire. Jean aurait eu vingt-deux ans le lendemain. La journée a passé sans que je le fasse, puis son anniversaire, puis encore le lendemain. Mais souvent je pense à cette réunion complète impossible, à nos longues soirées ensemble, à ce devenir irréalisé-irréalisable qu'est resté Jean dans notre cœur.

Lettre de Milou, 21 novembre 1947

Chère Denise, Moi aussi j'ai pensé à Jean, j'ai essayé de le voir comme il aurait pu devenir, et Simone aussi, car elle m'en a parlé pendant quelques minutes où nous étions toutes les deux. Bien souvent je pense à lui, et à ce qui serait si nous étions tous là.

Denise

En 1949, Milou épouse Pierre Jampolsky, attaché de recherche au CNRS, à la mairie du XVIIe arrondissement, comme Simone. Je ne suis revenue à Paris qu'en avril 1951 et nous avons eu de la chance de pouvoir emménager, avec les jumeaux âgés de trois ans, boulevard Raspail. Milou habitait alors avec Pierre près de la porte de Vincennes, sur les boulevards des Maréchaux. Simone est rentrée à Paris avec ses deux aînés. Antoine avait intégré l'ENA, Simone la magistrature.

Lettre de Denise, non datée

Chère Milou, L'impression – je sais combien stupide – que rien ne servait de rien, que vous étiez loin, ô si loin dans vos petits soucis, vos grandes douleurs, vos quelques joies. Moi dans les miennes, à tout jamais inconnue des uns et des autres. À tout jamais inconnue même de moi-même car j'ai eu bien peu de temps pour réfléchir. Savoir – ô un tout petit peu seulement – comment tu es au fond de toi, comment te plaît ta vie, comment va notre si charmante Simonette. [...]

Comme je t'aime, ma Milche. Sois heureuse le plus que tu peux, sois heureuse, ma grande sœur, et dis-le-moi un peu lorsque tu le seras et comment tu es. Je t'aime de tout mon cœur et te souhaite un joyeux Noël.

Lettre de Milou, 26 février 1952

Ma Denise chérie, Je reçois ta carte à l'instant, et tu ne peux savoir comme je suis heureuse que ce retour à Nice te soit doux, je craignais beaucoup pour toi tous ces souvenirs.

Luc va bien, et commence à avoir mal aux dents.

Je t'embrasse très tendrement.

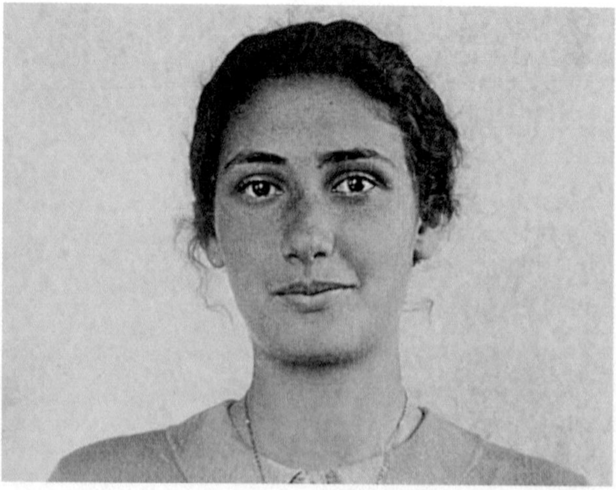

Denise

Milou est encore vivante en ceux qui l'ont connue et aimée. Comment restera-t-elle vivante quand nous aurons disparu?

Milou, mon aînée d'un an, Milou la sage, Milou plongée dans un livre, Milou la distante, la proche que chacun-chacune souhaite pour amie, Milou la réservée, Milou la raison et le feu qui couve de l'enthousiasme.

Simone à jamais meurtrie mais jeune mère heureuse de deux garçons, moi des jumeaux, Milou épanouie avec un petit Luc.

Et puis c'est le noir. Le drame du 14 août 1952. Milou meurt sur une route. Luc ne survivra pas.

Simone

Milou avait surmonté ses problèmes de santé et entrepris des études de psychologie, tout en restant très secrète sur sa vie personnelle. Elle a été la dernière d'entre nous trois à se marier. Elle a épousé Pierre Jampolsky, chercheur comme elle au CNRS, et ils ont eu un fils, Luc. À ma grande joie, à deux reprises, durant les vacances d'été, Milou et son mari nous ont rejoints en Allemagne,

où Antoine et moi habitions. Pierre et Antoine ont sympathisé immédiatement. Il y avait beaucoup de douceur entre nous. Milou et moi, nous étions restées très soudées : pas une semaine sans une lettre. Nous avons recommencé, durant ces vacances, heureuses de parler pendant des heures, comme nous n'avions jamais cessé de le faire depuis l'enfance. Je pouvais tout lui dire. Elle était comme une seconde mère pour moi.

Les vacances 1952 furent un grand bonheur. Luc, le fils de Milou, a fait ses premiers pas dans notre jardin. Je revois encore leur départ, dans une 4CV. C'est la dernière fois que j'ai vu ma sœur. Sur la route de Paris, ils ont eu un accident. Mon beau-frère, qui conduisait, a survécu. Milou est morte sur le coup. Avec Antoine, nous nous sommes précipités à l'hôpital, où Pierre et son fils étaient en observation. L'enfant semblait miraculeusement indemne. Mais il avait subi un traumatisme crânien qui lui a été fatal. Luc est mort dans mes bras, au moment où je le sortais du lit.

La disparition de Milou fut un arrachement, un choc dont je ne me suis jamais remise. Jean, Papa, Maman, Milou… Le destin s'acharnait sur nous. La famille était décimée. Denise et moi étions seules. Notre trio n'était plus. J'étais ravagée par le chagrin.

Lettre de Simone, août 1952

Ma Denisette, Un mot avant de quitter Nancy. Nous sommes arrivés hier soir seulement vers dix heures et très fatigués. Très long arrêt à La Ferté pour voir l'auto, récupérer les quelques objets de la poche à gants, en particulier les photos. Nous n'avons pas retrouvé l'arbre de l'accident mais toute cette partie de la route est absolument droite avec une rangée d'arbres à un mètre environ de la route. Le compteur de vitesse de la voiture est bloqué à 50.

Je t'écrirai plus longuement de Stuttgart, nous devons maintenant partir.

Lettre de Simone, 1er septembre 1952

Ma Denise, Les jours passent vite heureusement. Je les occupe le plus possible à des tâches matérielles.

Tu ne peux pas savoir comme chaque chose dans la maison et même à Stuttgart est empreinte pour moi de souvenirs d'elle et c'est affreux. Retourner quinze jours en arrière et pouvoir penser qu'elle est rentrée et que je la retrouverai en allant à Paris. Je ne peux encore réaliser que plus jamais je ne la verrai, plus jamais je ne lui parlerai. Je voudrais croire et maudire Dieu injuste. Je suis révoltée et crierais de rage et d'impuissance. Pourquoi elle?

Je ne veux plus penser aux endroits où j'ai été avec elle mais à ceux où j'irai avec toi. Ce sont les mêmes.

Simone

Milou a toujours été pour moi une sorte de substitut de ce qu'était Maman. On avait seulement quatre ans et demi de différence. Quand je participais à un camp d'éclaireuses, elle était ma cheftaine. Ou bien si Maman sortait un soir, Maman lui disait «Tu embrasseras Simone pour moi», ça remplaçait. En déportation, quand Maman n'a plus été là, elle a exercé sur moi l'autorité d'une mère. Les filles de mon âge au camp étaient seules. Mon amie Marceline s'est sentie indépendante, moi pas du tout, je suis restée très soumise à Maman et à Milou.

Lettre de Simone, non datée

Ma Denisette chérie, Un tout petit mot car je reçois ta lettre au moment où j'allais sortir. J'ai attendu de recevoir ton adresse pour t'écrire. J'espère que l'endroit où vous êtes est joli et calme. Repose-toi, ma chérie, baigne-toi, distrais-toi, essaie de ne pas penser.

J'avais jusqu'à il y a quinze jours l'impression que la vie c'était un jeu et que nous étions des enfants qui jouions à vivre la vie. Maintenant le jeu est fini et on ne peut plus faire d'essai. Ici heureusement le temps passe vite.

Je fais beaucoup de couture et de cuisine : ça m'occupe.

Le séjour à La Neuville doit être abominable. Merci pour les fleurs. Je le ferai en pensant à toi la semaine prochaine. J'y serai mercredi ou jeudi.

Je t'embrasse bien tendrement ainsi que les tiens.

Denise

Par moments, Milou évoquait en les regrettant nos absences de communication, nos silences sur nos souvenirs communs, plus encore – moi en tout cas – le trou de ces mois en Allemagne. Je ne les évoque pas plus avec Simone qui en livre longuement des images en des récits publics. Nous parlons, Simone et moi, cependant beaucoup de «déportation».

Milou, de sa rencontre avec Pierre, de ses relations professionnelles, de ses joies de jeune maman, je ne sais rien. D'avril 1951 à août 1952, qu'avons-nous fait ensemble?

Une très grande pudeur a dominé les rapports de notre trio, ou double duo. Maman, aussi ouverte a-t-elle été, restait d'une extrême réserve. Ainsi nous disait-elle que si nous étions enceintes, il fallait l'en avertir et qu'ensemble on élèverait l'enfant, sans jamais nous avoir précisé comment il pouvait advenir!

Maman et Milou ont-elles durant leurs mois de proximité permanente rompu ce silence, cette obscurité intime?

Maintenant, il est trop tard.

Marceline Loridan-Ivens — compagne de déportation d'Yvonne, Madeleine et Simone Jacob à Birkenau —, texte lu à l'enterrement de Simone Veil

Toutes les femmes ont un lien avec toi, Simone.

Toi et moi, nous nous sommes rencontrées pour mourir ensemble. Nous étions du même transport, toi le numéro 78651, moi le 78750. Si j'ajoute les chiffres de ton numéro les uns aux autres, j'arrive au chiffre 9. Et si je fais la même chose pour le mien, j'arrive également au chiffre 9. Quatre-vingt-dix-neuf femmes nous séparent, dont peu sont revenues. Mais je t'ai vue très vite. D'abord à la douche où des nazis nous hurlèrent de nous déshabiller après nous avoir numérotées. Je t'ai vue parce que tu étais belle, la mieux roulée de nous toutes avec Sonia. Je ne devrais pas dire ça ici, mais c'est vrai. Et ça montre que nous nous regardions encore comme des jeunes filles entre elles, que nous n'avions pas compris.

Et puis au block. Je te revois serrée avec ta mère et ta sœur sur la coya juste en face de la mienne, de l'autre côté de la travée. J'étais seule moi, collée à des inconnues, mais si j'ouvrais les yeux, c'est toi que je voyais. Nous avions le même âge. Je sentais en toi une force vitale, un même penchant que moi pour la rébellion.

Je l'ai compris le jour où je n'ai pas voulu me laisser prendre par les corvées d'humiliation. Je t'ai proposé qu'on se cache sous les couvertures où l'on empilait les paillasses chaque matin. Tu n'as pas hésité, tu m'as suivie. Tu t'es allongée entre deux paillasses. J'ai mis la couverture sur toi, puis j'ai fait de même, arrangeant tant bien que mal une autre couverture sur moi. Quand il n'y a plus eu de bruit, nous sommes sorties de notre cachette et, sans nous faire prendre, nous avons marché dans nos habits de mortes pour découvrir où nous étions. Nous ne le savions pas vraiment. Nous sommes passées devant une baraque en bois verte qui semblait meilleure que les nôtres et où des femmes parlaient français.
Et nous avons eu envie de leur parler afin de comprendre un peu mieux. Et là, elles nous ont chassées en nous insultant et en nous traitant de sales Juives. C'était la baraque des communistes

françaises. Nous n'avions pas encore vu nos os sur le point de trouer notre peau. C'était le début, nous pensions comme avant, au temps des désobéissances écolières.

Et puis on a fini par comprendre.

Quand l'une de nous mourait, on l'oubliait, on ne pleurait pas, le deuil n'existait plus, on était dures. Nous étions les miroirs les unes des autres. Je m'accrochais aux regards les plus déterminés d'entre nous. Le tien en faisait partie.

Je te regardais aller avec ta mère et ta sœur, vous symbolisiez la France cultivée et intelligente.

J'ai vu mourir ta mère sur le sol gelé de Bergen-Belsen.

Simone, nous en sommes sorties vivantes ! Et nous n'avions plus peur de rien.

Nous savions toi et moi que le reste de notre vie n'était que du rabe. Qu'il fallait en faire quelque chose, quelque chose de grandiose. Tu l'as fait. Pour toutes les femmes qui jamais n'oublieront ton nom. Et pour toutes les mortes que nous avons laissées derrière nous et que nous représentons.

La vie nous a éloignées après la guerre. Nous ne nous sommes pas cherchées, c'était inutile, nous allions nous

retrouver. C'est arrivé dans la rue par hasard une première fois. Tu m'as invitée chez toi, mais je ne suis pas venue. Puis une deuxième, rue Dante. Tu as insisté : « Viens chez moi. » Et je suis montée. Et dès lors, nous n'avons plus cessé de nous voir. Nous parlions du camp, des filles laissées là-bas que nous n'avions pas pu pleurer, mais que nous n'avions pas oubliées. Nous riions parfois, et râlions encore contre celles qui se récitaient des recettes de cuisine pour conjurer leur sort et nous donnaient atrocement faim.

Il y a longtemps que tu me manques, Simone. Et il y a longtemps que tu manques à la France. La courbe de nos vies a connu le pire et le meilleur de l'humanité. Les usines de la mort. Comme les élans du progrès. Mais le temps passant, nous avons eu le même pressentiment toi et moi : l'horizon s'obscurcit à nouveau. Tu étais inquiète. L'antisémitisme est de retour. Il a connu des rémissions mais ne disparaîtra jamais. Nous le combattrons. Je le ferai jusqu'à mon dernier souffle.

Et tu le feras encore. Tu laisses au monde une trace belle et profonde, Simone, qui rend fières et inoubliables toutes les filles de Birkenau.

Jean voulait être photographe.

Il décide d'interrompre ses études avant le bac pour commencer à travailler en 1941.

Sa passion pour la photographie le conduit à travailler brièvement, du 1er au 25 août 1942, comme aide-photographe chez Emka Photo sous l'autorité d'Annie Meyerowitz aux tirages, aux agrandissements et aux reproductions. Le laboratoire ferme en raison des lois antisémites.

Jean est déporté avec son père dans le seul convoi français à destination des pays Baltes en 1944. Il a probablement été assassiné par balle. Denise et Simone n'ont appris les circonstances de sa mort qu'en 1978.

Simone Veil parlait rarement de son frère.

Elle a donné le prénom Jean à son premier fils.

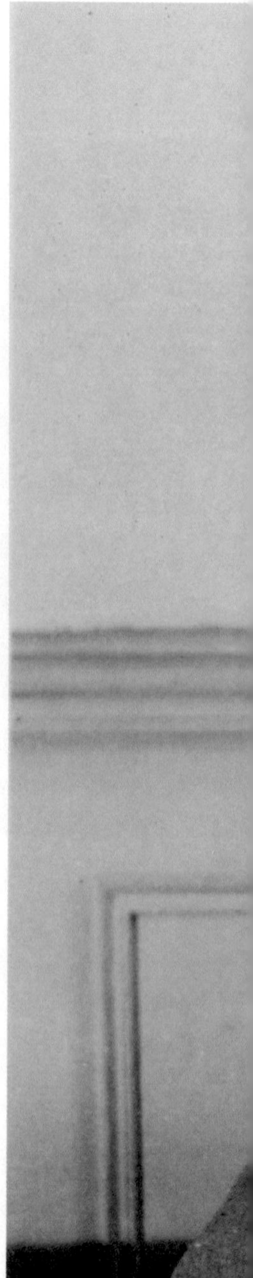

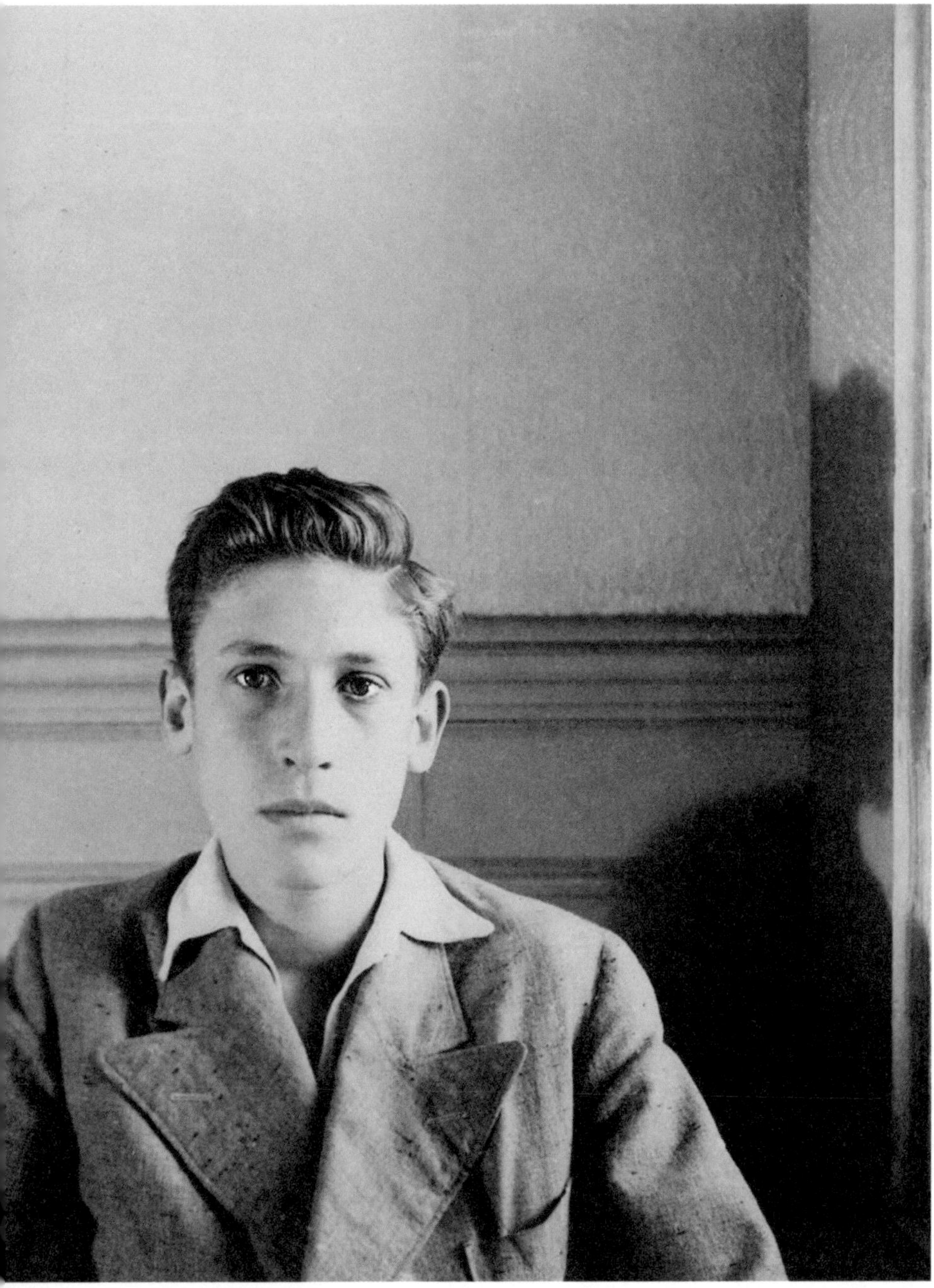

Edmond Jacob
1852, Reims - 1931, Paris

Mathilde Schnerb
1857, Kosmanos (République tchèque) - 1929, Paris

André Jacob
1891, Paris - 1944, Lituanie, Estonie?

Gaston Steinmetz
1855, Paris - 1922, Paris

Alice Weyll
1863, Bruxelles - 1953, Paris

Yvonne Steinmetz
1900, Paris - 1945, Bergen-Belsen (Allemagne)

Madeleine, dite Milou,
épouse Jampolsky
1923, Paris - 1952, Meaux

Denise
épouse Vernay
1924, Paris - 2013, Paris

Jean
1925, Paris - 1944, Lituanie, Estonie?

Simone
épouse Veil
1927, Nice - 2017, Paris

15
Milou, Denise, Jean et Simone Jacob, La Ciotat

16
Denise et sa mère Yvonne Jacob, La Ciotat, Pâques 1936

17 Gauche
Jean, André Weismann dit Poucet, Milou, Denise, Claude Weismann, et Simone qu'on aperçoit. La Ciotat, été 1936
Droite
Les enfants Jacob et Weismann (Simone est la deuxième à partir de la gauche), La Ciotat, 1936

18
La Ciotat, été 1943

19
Simone, La Ciotat, été 1943

20
Denise

22 Droite et gauche
Les enfants Jacob et Weismann

23
Milou, Simone, Jean et Denise

24
André Jacob, Nice

25
Soldats italiens, Nice

26-27
Simone, éclaireuse, automne 1943

28
Milou

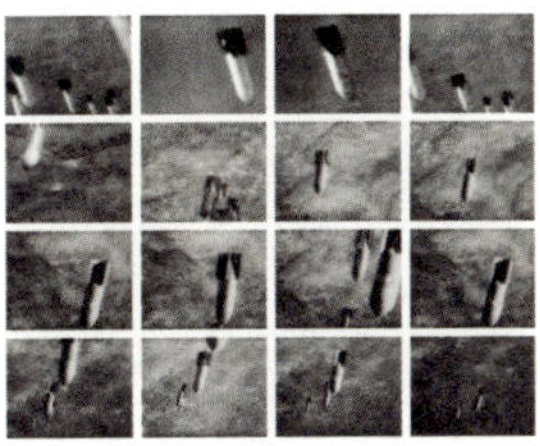

29
Bombardements

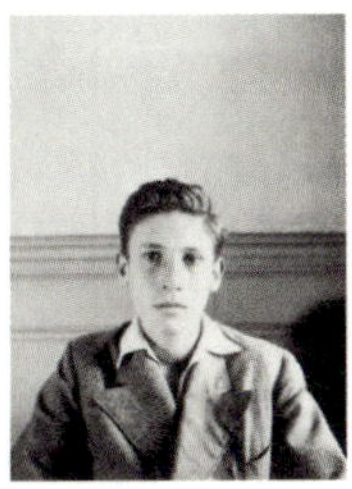

30
Jean, autoportrait, 1942

31
Soldats allemands

32
Denise

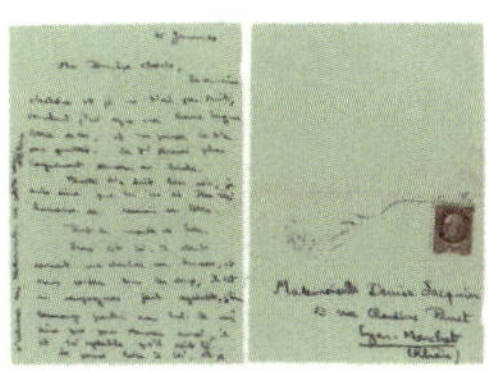

33
Lettre de Milou à Denise sous son faux nom, Jacquier, 15 janvier 1944

34
Chemin de fer de la côte niçoise

35
Denise, éclaireuse, automne 1943

36
Denise

37
Place Bellecour, Lyon,
sous l'Occupation

38
Simone

39
Devant : Simone et Jean
Derrière : Denise et Milou

40 Gauche
Nice
Droite
Simone

41
Scarlett et Melanie dans
Autant en emporte le vent
(Victor Fleming, 1939)

42
Mimosa

43
Nice sous l'Occupation

44-45
Photogrammes tirés de *À propos de Nice* (Jean Vigo, 1930)

46
Photogrammes tirés de *À propos de Nice* (Jean Vigo, 1930)

47
La Corniche, Nice

48
Yvonne Jacob

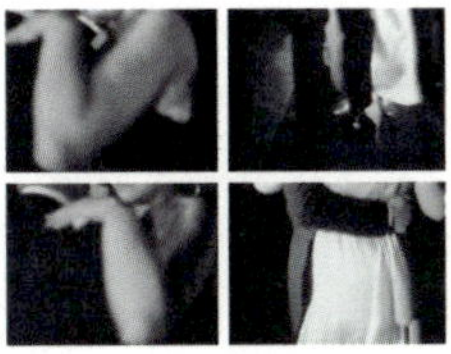

49
Photogrammes tirés de *À propos de Nice* (Jean Vigo, 1930)

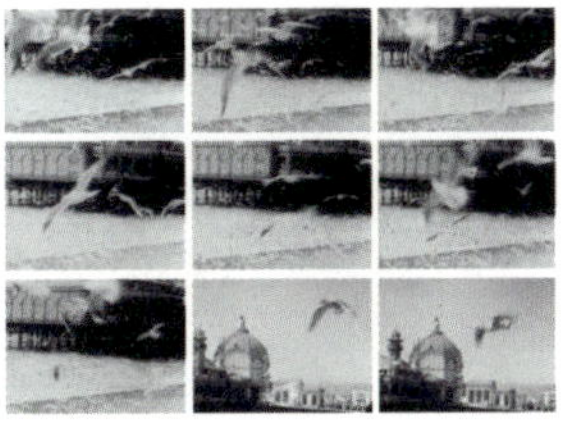

50-51
Les mouettes de Nice

52
César Bolletti (1915-1995), portrait de Simone, février 1944

54
Aquarelle d'André Jacob, sans titre, février 1944

55
Aquarelle d'André Jacob, sans titre, février 1944

56
Yvonne, Simone et Denise,
promenade des Anglais, Nice, 1939

57
André et Claude Weismann ; Milou,
Denise, Jean et Simone Jacob,
La Ciotat

58
Simone, 1942

59
Nice, la jetée

60
Réunion de famille, Nice, 1944

61
Nice, 1944

62
Denise, Yvonne, Milou

63
Nice, la Corniche

64
Milou

65
Milou dans l'appartement familial, Nice

66
L'appartement des Jacob à Nice, 1944

67
Nice sous l'Occupation

68
Nice, la Corniche

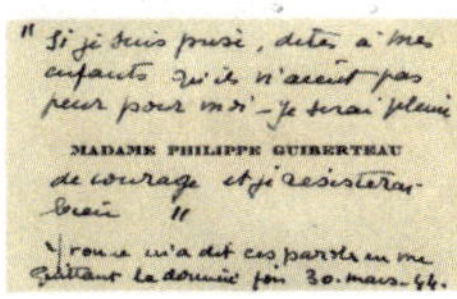

" Si je suis prise, dites à mes enfants qu'ils n'aient pas peur pour moi – je serai pleine
MADAME PHILIPPE GUIBERTEAU
de courage et je résisterai bien "

Yvonne m'a dit ces paroles en me quittant le dernier soir 30-mars-44.

69
Dernières paroles d'Yvonne Jacob avant son arrestation le 30 mars 1944, retranscrites par Elena Guiberteau

70
André Jacob, Nice, 1943

71
Maison construite par André Jacob, La Ciotat

72
Camp de Drancy

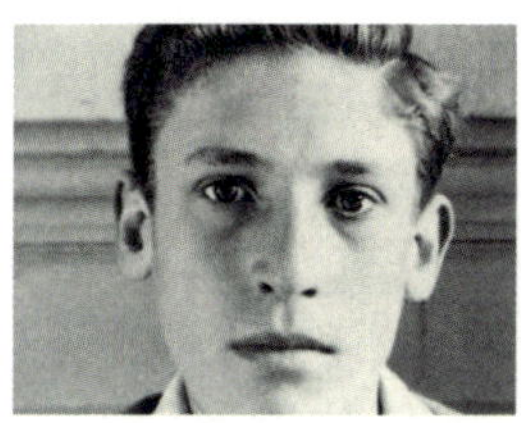

73
Autoportrait de Jean, 1942

76
Simone Veil à Birkenau, 2003
(photo David Teboul)

77
Simone Veil à Birkenau, 2003
(photo David Teboul)

78
Auschwitz, 1975

82
Simone Veil à Birkenau, 2003
(photo David Teboul)

87
Auschwitz, 1975

88
Prison Montluc, 1944

89
André et Yvonne Jacob

90
Prison Montluc, 1944

92
Mouettes de Nice

93
Camp de Ravensbrück, 1944

94
Arrivée des Hongrois à Auschwitz, 1944

95
Arrivée des Hongrois à Auschwitz, 1944

98
Intérieur de l'usine Siemens de Bobrek, Auschwitz, 1944

99
Le ciel de Birkenau, 2003 (photo David Teboul)

101
Auschwitz, 1985

102
Bergen-Belsen, 1944

105
Pieter Huys, *L'Enfer*, 1570

106
Simone Veil à Birkenau, 2003 (photo David Teboul)

108-109
Bergen-Belsen, 1944

114
Milou, Yvonne, Jean,
dans les années 1920

115
Simone, Denise, Jean, Milou,
Nice, vers 1933

116-117
Bergen-Belsen, 1944

122-123
Bergen-Belsen, 1944

124
Yvonne, Nice

126-127
Fleurs photographiées
par Simone Veil

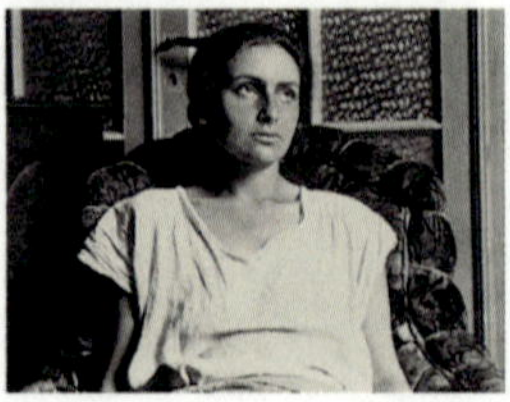

128
Yvonne dans son salon, Nice, 1944

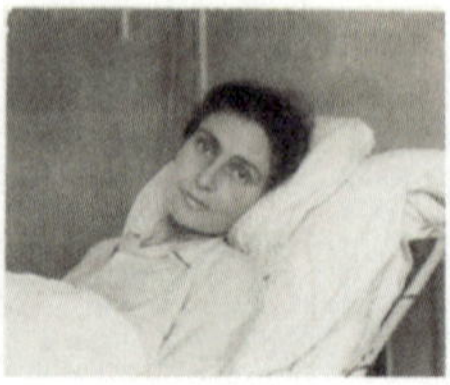

129
Yvonne, Nice, 1944

130
Nice, années 1930

131
Nice, années 1930

132-133
Yvonne, Denise, Simone, Jean et Milou, Nice, 1929

134
Retour des déportés, 1945

135
Retour des déportés, 1945

138 Gauche
Robert Weismann, hôpital Bichat, premier rang au centre

138 Droite
Suzanne Weismann, dite Tante Zoue

139
Denise et André, dit Poucet, Nice, 1940 ou 1941

140
Simone, Paris, après-guerre

141
Denise

142
Simone

144
Milou, Paris

145
Milou, Paris

146
Simone, Paris

147
Simone, Paris

148
Carte de déportée politique de Simone Veil, 1954, et accusé de réception, 1961

149 Gauche
Carte du combattant de Denise Jacob, épouse Weil (nom de naissance d'Alain Vernay), 1956
Droite
Carte de déporté résistant de Denise Jacob, 1953

150
Milou

151
Milou

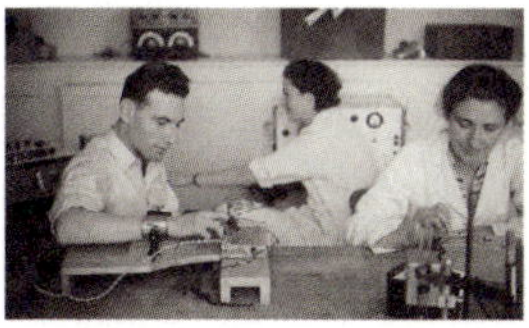

152
Pierre Jampolsky et Milou (à droite)

153
Simone

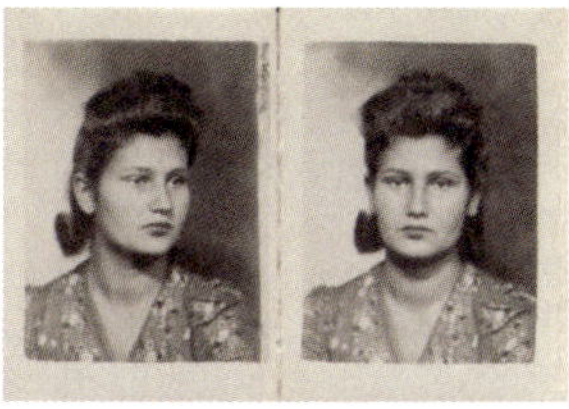

154
Simone

155
Simone

156
Milou

157
Paysage

158-159
Simone, Milou, Denise

160
Denise, Yvonne, Jean,
Simone, Milou

161
Yvonne

162-163
Nice au lendemain de la guerre

164
Carte postale de Nice

165
Nice au lendemain de la guerre

166 Gauche et droite
Mariage d'Antoine Veil et Simone Jacob, 26 octobre 1946

167
Simone

168
Simone et Denise

169
Antoine et Simone

170
Denise

171
Denise

172
Simone

173
Simone, 1947

174
Fleurs

175
Le général de Gaulle, bain de foule

176
Denise et Alain, Simone et Antoine, Pierre et Milou, La Neuville d'Aumont (Oise), 1947

177
Simone, col des Gets, août 1947

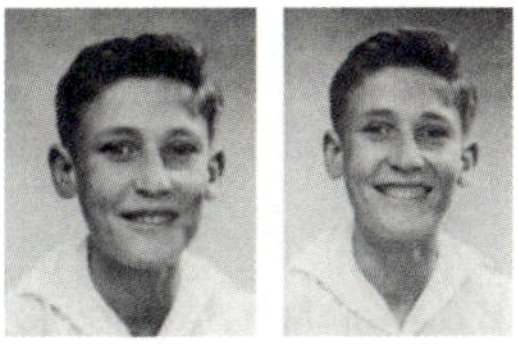

178 Gauche et droite
Jean

179
Scarlett dans
Autant en emporte le vent
(Victor Fleming, 1939)

180
Milou

181
Carte postale, Nice

182
Milou

183 Gauche
Départ de Milou, Luc et Pierre,
13 août 1952 (photo Antoine Veil)
Droite
Simone, Jean, Pierre et Nicolas
(photo Antoine Veil)

184-185
La voiture de Milou et Pierre
(photo Antoine Veil)

186
Simone, Stuttgart, 1952

187
Simone, Jean et Nicolas, 1952

188
Appartement des Veil à Stuttgart,
1952

189
Milou

190
Simone et Denise, près de
la mer Morte, 1999

192-193
Simone Veil lors du 30e anniversaire
de la libération d'Auschwitz,
à la grande synagogue
de la Victoire, 27 janvier 1975

196
Bergen-Belsen

197
Bergen-Belsen

198-199
Bergen-Belsen

240-241
Mimosa

254-255
Fleurs photographiées
par Simone Veil

Les photographies sont reprises ici dans leur ordre d'apparition dans l'ouvrage.
Les noms des personnes sont donnés de gauche à droite.

2 juin 1941
Le recensement des Juifs devient obligatoire en France.

11 novembre 1942
Fin de la zone libre, les Italiens entrent dans Nice.

8 septembre 1943
Après le départ des Italiens, les Allemands prennent le contrôle de Nice.

Octobre 1943
Denise rejoint le mouvement résistant Franc-Tireur à Lyon et devient agent de liaison sous le pseudonyme de Miarka, son nom de totem aux éclaireuses.

30 mars 1944
Simone, Milou, Jean et leur mère Yvonne sont arrêtés par la Gestapo. Ils arrivent au camp de Drancy le 7 avril 1944.

13 avril 1944
Arrestation d'André Jacob à Nice.
Simone, Milou et Yvonne font partie du convoi 71, qui transporte 1 500 déportés vers le camp d'Auschwitz-Birkenau.

15 mai 1944
André et Jean Jacob sont déportés dans le convoi 73, le seul partant de Drancy déportant exclusivement des hommes et à destination, fait unique dans l'histoire de la Shoah en France, des pays Baltes. On ignore s'ils ont été tués par balle en Lituanie ou en Estonie.

18 juin 1944
Denise est arrêtée par une milice de la Gestapo entre Bourgoin et La Tour-du-Pin. Elle est conduite au siège de la Gestapo de Lyon où elle est torturée par les hommes de Klaus Barbie et soumise au supplice de la baignoire.

26 juillet 1944
Denise arrive au camp de Ravensbrück. Inscrite sous un pseudonyme, on ne sait pas qu'elle est juive. Elle est déportée comme résistante, à la différence des autres membres de sa famille.

17 et 18 janvier 1945
Les alliés se rapprochant d'Auschwitz, Simone, Milou et Yvonne sont évacuées jusqu'à Gleiwitz lors des marches de la Mort.

30 janvier 1945
Simone, Milou et Yvonne arrivent au camp de Bergen-Belsen.

2 mars 1945
Denise est transférée à Mauthausen.

15 mars 1945
Mort d'Yvonne Jacob dans les bras de Milou. Elle avait quarante-cinq ans.

15 avril 1945
Les Britanniques libèrent le camp de Bergen-Belsen.

21 avril 1945
Denise rentre à Paris.

23 mai 1945
Milou et Simone rentrent à Paris.

14 août 1952
Mort de Milou dans un accident de voiture de retour d'Allemagne, où elle et son mari, Pierre Jampolsky, rendaient visite à Simone et Antoine Veil.

4 mars 2013
Mort de Denise.

30 juin 2017
Mort de Simone.

Les Lippmann, amis des Jacob qu'ils voient à La Ciotat l'été, beaucoup à Nice et l'hiver à la montagne.

Phillipe, dit Phil, Guiberteau, médecin de la famille, et son épouse Elena, proche amie d'Yvonne Jacob.

Suzanne Steinmetz, dite Zoue, sœur d'Yvonne, mariée à Robert Weismann, dit Bobby.

Les Archier, amis des Jacob.

Raoul Kohn, dit Robin, appelé aussi Papitou, un marchand de vin qui avait inventé un apéritif vert, Le Mesclun, chez qui Milou a travaillé pendant la guerre.

César Bolletti, aide-architecte d'André Jacob, devenu peintre. Il a caché Yvonne et André Jacob à Nice.

Henri Dedon, fils d'une famille protestante niçoise, ami de Simone.

Mireille Villeroy, née Lavaud, professeur de lettres au lycée. Avec son mari, ils avaient des enfants en bas âge, Simone est au pair chez eux, cachée, et peut également préparer le baccalauréat sans aller au lycée.

Ninette Descomps, professeur de physique-chimie au lycée, qui habitait dans le même immeuble que les Villeroy. Elle a caché Milou, qui a été arrêtée chez elle avec sa mère et Jean.

Les Heilbronn, amis des Jacob. Ils avaient la propriété de Suscy-sous-Yèbles en Seine-et-Marne d'où provenaient des œufs et autres produits qui aidèrent Milou à se rétablir. C'est chez eux que Denise a appris la mort de Milou.

Jeannette Eiselmann, dite Poupaud ou Poupah, une éclaireuse du même âge que Denise, dont les parents étaient pharmaciens. Sa sœur a été arrêtée et déportée. Après-guerre, elle est devenue religieuse juive.

Kikie Mathieu, par qui Denise est entrée dans la Résistance, institutrice à Saint-Marcellin.

La Neuville d'Aumont, dans l'Oise, résidence secondaire des Weismann. Les sœurs Jacob y ont passé une partie de leurs vacances en 1939. Milou y est enterrée.

Je tiens à remercier tout particulièrement Pierre-François et Jean Veil pour la confiance et l'amitié qu'ils m'ont toujours accordées.

Laurent Vernay, pour sa confiance et son amitié, Viviane de Bouteny et Michel Vernay, les enfants de Denise.

Annette Wieviorka, qui m'a beaucoup appris, pour sa précieuse connaissance historique et son soutien tout au long de la réalisation de mon film.

Olivier Rubinstein, mon agent et ami.

Isabelle Wekstein-Steg, mon amie et avocate, toujours là et attentive.

Et Clément Dupeux, qui est plus qu'un assistant, pour son travail et notre complicité.

Toute l'équipe des Arènes, et particulièrement :
Laurent Beccaria, mon éditeur, pour son engagement, sa confiance et son amitié,
Éric Pillault, directeur artistique, pour son goût et notre complicité,
Jean-Baptiste Noailhat, pour sa qualité de coordinateur et son écoute,
Isabelle Paccalet et Maude Sapin, pour leur relecture attentive,
Marie Baird-Smith, pour son exigence,
et Isabelle Mazzaschi, pour son efficacité.

Victor Robert, producteur de mon film *Simone Veil et ses sœurs, nées Jacob*, pour sa compréhension immédiate du projet, son soutien et son amitié.

Mathilde Le Postec et Cathy Palumbo, qui m'ont accompagné avec enthousiasme, compréhension et conviction tout au long de la réalisation du film, ainsi que toute l'équipe de 10.7 Production.

Caroline Détournay, monteuse du film, Cécile Niderman, documentaliste, et Olivier Goinard, qui a donné du son et de la musique aux images.

France Télévisions, et particulièrement:
Emmanuel Migeot, directeur délégué du pôle Histoire et Culture, sans lequel le film n'existerait pas dans son format actuel.
Catherine Alvaresse, directrice de l'unité documentaire, et Clémence Coppet.

La Fondation pour la mémoire de la Shoah, et particulièrement Judith Cytrynowicz et Régine Socquet.

Le Mémorial de la Shoah, et particulièrement Karen Taieb.

La Ville de Paris, qui a soutenu mon film, et particulièrement:
Laurence Patrice, adjointe à la maire de Paris en charge de la mémoire et du monde combattant,
Carine Rolland, adjointe à la maire de Paris en charge de la culture, et Cédric Abadie, directeur de cabinet de Laurence Patrice.

La Fondation La Poste.

Antoine de Meaux, auteur du précieux et indispensable livre sur Denise Vernay, *Miarka* (Phébus, 2020; Points, 2021), ainsi que sa compagne, Lorraine de Meaux, pour leur amitié, et avec qui nous ne cessons de parler des sœurs Jacob à chacune de nos retrouvailles.

Xavier Carniaux et Frédéric Luzy (†), qui ont été là au début de ma rencontre avec Simone Veil.

Jean-Michel Rey, pour avoir été là.

Arthur Benzaquen, pour son altruisme bienveillant.

Alain Grossman, pour son aide et son amitié.

Jacqueline Frydman, pour son soutien, son affection et sa tendresse.

Laurent Goumarre, pour ce qu'il sait.

AUTRES OUVRAGES DE DAVID TEBOUL

Yves Saint Laurent, 5 avenue Marceau, 75116 Paris, France, La Martinière, 2002

Boris Mikhailov, j'ai déjà été ici un jour, Les Presses du réel, 2009

Simone Veil, l'aube à Birkenau, Les Arènes, 2019 ; Pocket, 2021
Simone Veil, la Vie après Birkenau, Pocket, 2022

Marceline Loridan-Ivens, C'était génial de vivre, Les Arènes, 2021 (avec Isabelle Wekstein-Steg)

Les textes de ce livre sont issus des sources suivantes :

- entretiens de David Teboul avec Simone Veil et Denise Vernay (séparément et ensemble),
- correspondance entre les sœurs Jacob (archives familiales),
- journal de Madeleine Jacob (archives familiales),
- récits, poèmes et articles de Denise Vernay (rassemblés avec l'aide d'Antoine et Lorraine de Meaux) à l'intention de ses enfants et petits-enfants (archives Vernay).

L'exemplaire que vous tenez entre les mains a été rendu possible grâce au travail de toute une équipe :

Couverture et conception graphique : Éric Pillault
Coordination éditoriale : Jean-Baptiste Noailhat et Isabelle Paccalet
Révision : Agnès Aubry et Emmanuel Dazin
Fabrication : Marie Baird-Smith et Maude Sapin
Mise en page : Élise Hervelin
Photogravure : Axiome
Commercial et marketing : Pierre Bottura
Marketing et communication digitale : Clémentine Malgras
Relations libraires : Laura Darmon
Presse et communication : Isabelle Mazzaschi avec Axelle Vergeade
Les arènes du savoir : Pierre Bottura avec Marc Blactot, Laura Darmon, Adèle Hybre, Guillaume Lollier et Clémentine Malgras

Rue Jacob diffusion : Élise Lacaze (direction), Katia Berry (grand Sud-Est), François-Marie Bironneau (Nord et Est), Charlotte Jeunesse (Paris et région parisienne), Christelle Guilleminot (grand Sud-Ouest), Laure Sagot (grand Ouest), Diane Maretheu (coordination), Charlotte Knibiehly (ventes directes) et Camille Saunier (librairies spécialisées)

Distribution : Interforum

Droits France et juridique : Bertille Comar, Geoffroy Fauchier-Magnan et Anne-Laure Stérin
Droits étrangers : Sophie Langlais
Accueil et librairie : Laurence Zarra et Lucie Martino
Envois aux journalistes et libraires : Vidal Ruiz Martinez
Comptabilité et droits d'auteur : Christelle Lemonnier, Camille Breynaert et Christine Blaise
Services généraux : Isadora Monteiro Dos Reis

Achevé d'imprimer sur les presses
de l'imprimerie Corlet
à Condé-en-Normandie (Calvados)
en août 2022

ISBN : 979-10-375-0820-1
N° d'impression : 22070292
Dépôt légal : Octobre 2022